AF546653

BRIGITTE DORST

# LEBENSKRISEN

BRIGITTE DORST

# LEBENSKRISEN

## Die Seele stärken durch Bilder, Geschichten und Symbole

WALTER

Bibliografische Information der Deutschen Nationalbibliothek. Die Deutsche Nationalbibliothek verzeichnet diese Publikation in der Deutschen Nationalbibliografie; detaillierte bibliografische Daten sind im Internet unter http://dnb.d-nb.de abrufbar.  Bibliographisches Institut GmbH, Dudenstraße 6, 68167 Mannheim. Druck: Druckerei Theiss GmbH, Am Gewerbepark 14, 9431 St. Stefan im Lavanttal, Österreich.  Umschlagmotiv: © iStockphoto. Umschlaggestaltung: init. Büro für Gestaltung, Bielefeld. ISBN 978-3-530-50606-8. www.walter-verlag.com

# Inhalt

## Einleitung



Kritische Lebensphasen und Lebensereignisse gibt es in jedem Leben. Das Leben ist nur bedingt planbar.

Lebenskrisen sind gekennzeichnet durch das Herausfallen aus den gewohnten, Sicherheit gebenden Alltagsabläufen. Sie können durch sehr unterschiedliche Ereignisse und Schicksalsschläge ausgelöst werden, z.B. durch eine unerwartete Kündigung, den Vertrauensbruch eines nahestehenden Menschen, eine schwere Erkrankung oder den Eintritt in eine neue Lebensphase, die Umorientierung verlangt.

Krisen, Veränderungen und Verluste sind ein Teil des Lebens. Daher ist es wichtig, dass wir lernen, mit ihnen umzugehen, »krisenkompetent« zu werden. Menschen sind jedoch in ihrer seelischen Verwundbarkeit und in ihren Möglichkeiten, eine Krise zu bewältigen, sehr unterschiedlich.

Noch vor wenigen Jahren galten Krisenhilfe und Krisenintervention als etwas Spezielles, das vor allem die Arbeitsbereiche von Ärzten, Psychotherapeutinnen und Pfarrern betrifft. In letzter Zeit sind Notwendigkeit und Dringlichkeit der Krisenintervention in vielen gesellschaftlichen Bereichen zunehmend anerkannt und weiterentwickelt worden. Notfallpläne, Krisendienste und entsprechende Netzwerke ebenso wie Selbsthilfeinitiativen sind an vielen Orten entstanden. Aber oft wird zuerst Hilfe im unmittelbaren Umfeld, bei Freunden und Verwandten gesucht. Die Angefragten wissen oft nicht, wie sie hilfreich reagieren und einem Menschen in der Krise beistehen können. Hierfür bietet das Buch wichtige Hinweise an.

Vor Krisen kann man sich nicht schützen. Wohl aber kann man Menschen helfen, Krisen zu bewältigen, ihr Leben auf die veränderten Lebensumstände hin neu auszurichten und die Hilfsmittel im Innen und Außen zu finden, die sie benötigen. Dazu gehört vor allem auch, ein Verständnis für den besonderen psychischen Ausnahmezustand, der mit einer Krise verbunden ist, zu entwickeln.

Das Buch verfolgt also zwei Zielsetzungen:

1. Menschen das notwendige Wissen über existentielle Krisen zu vermitteln und ein tieferes Verständnis für Chancen und Gefahren der Krise zur Verfügung zu stellen;

2. zahlreiche Zugangswege zu den notwendigen Ressourcen aufzuzeigen und die individuellen Fähigkeiten zur Bewältigung der Krise zu stärken und zu erweitern.

Anhand von Beispielen aus unterschiedlichen Lebenssituationen soll aufgezeigt werden, wie Menschen auf kritische und traumatische Lebenssituationen reagieren. Die Leserinnen und Leser sollen so ermutigt werden, eigene Wege aus der Krise zu suchen und die Herausforderungen des Lebens anzunehmen. Das Buch bezieht sich auf Möglichkeiten der Selbsthilfe in Krisensituationen und ermutigt ebenso, sich professionelle Hilfe in Krisenzeiten zu suchen. Hierzu vermittelt es notwendige Sachinformationen und Orientierungshilfen.

Neu und eine Besonderheit im Repertoire der möglichen Kriseninterventionen ist in diesem Buch die Arbeit mit Symbolen, um eigene Lösungsansätze zu finden. Dabei geht es um hilfreiche Symbole, Rituale und Geschichten, die zum Nachdenken anregen, Orientierung geben können und zum Verstehen der gegenwärtigen Situation beitragen. Sie ermöglichen, Antworten auf existentielle Sinnfragen zu suchen, und zeigen mögliche Entwicklungs- und Reifungsaufgaben auf, die das Leben in der jeweiligen Situation stellt.

Symbole stimulieren das schöpferische Potential der Psyche und regen Phantasie und Intuition an. »Wo aber Gefahr ist, wächst das Rettende auch.« (Hölderlin) Symbole sind besonders hilfreich, wenn es darum geht, in kritischen und schwierigen Lebenssituationen mit Tiefenschichten der Psyche in Kontakt zu kommen. Sie können helfen, die zerrissenen Fäden und Verbindungen des Lebens wieder zu ordnen und das Gewebe des eigenen Lebens neu zu knüpfen.

Noch eine Erklärung zum Dilemma unserer männlich dominierten Sprache: Im Versuch, eine geschlechtergerechte Sprache zu finden und auch ständige Doppelnennungen zu vermeiden, habe ich weibliche und männliche Sprachformen in freiem Wechsel benutzt.

# Teil I
# Lebenskrisen verstehen und bewältigen

# *Kapitel 1: Was sind psychische Krisen?*

Unerwartete und plötzliche Lebensveränderungen versetzen viele Menschen in einen Zustand von Angst, Hilflosigkeit und Ohnmacht. Sie verlieren das innere Gleichgewicht, das Vertrauen ins Leben ist erschüttert, die Ordnung des Lebens ist gestört. Gefühle werden wie im Auf und Ab einer Achterbahnfahrt erlebt: Angst, Wut, Verzweiflung, Zorn, Ohnmacht, Optimismus und Hoffnung folgen in raschem Wechsel.

Die Betroffenen sind oft nicht in der Lage, sich auf die veränderte Situation einzustellen und die notwendigen Handlungsschritte zu unternehmen. Sie fühlen sich überfordert, da die Lebensveränderungen mit den bisherigen Fähigkeiten nicht einfach bewältigt werden können und als bedrohlich erlebt werden. So geraten sie in einen psychischen Krisenzustand.

Die Auslöser für eine seelische Krise können sehr unterschiedlich sein:

- der Diebstahl von Geld und Ausweispapieren in der Straßenbahn,
- die Diagnose Krebs bei einer Routineuntersuchung,
- die Ankündigung der Trennung durch einen Partner,
- der Verkehrsunfall, bei dem ein Familienmitglied schwer verletzt worden ist,
- ein unerwarteter Arbeitsplatzverlust durch die Insolvenz des Arbeitsgebers,
- ein Suizid im Freundeskreis,
- der Umzug ins Altersheim.

Von seelischen Krisenzuständen ist der ganze Mensch in Mitleidenschaft gezogen; Körper, Geist und Seele sind betroffen und müssen daher bei der Krisenhilfe und Krisenintervention berücksichtigt werden. Wer Menschen in Krisen Hilfestellung geben will, muss daher physische, psychische, soziale und spirituelle Aspekte aufgreifen.

### *Die Bedeutung des Begriffs »Krise«*

Es ist heute nicht leicht, mit dem Wort »Krise« adäquat umzugehen. Dieser Begriff wird in der Alltagssprache enorm inflationär gebraucht: Wir sprechen von Beziehungskrisen, rufen: »Ich krieg' die Krise«, wenn uns etwas extrem nervt, oder sagen etwas salopp über einen gestressten Bekannten: »Mit dem kannst du im Moment nicht rechnen, der ist total in der Krise.« Auch in den Tageszeitungen taucht das Wort »Krise« in mannigfachen Zusammenhängen auf: Wir lesen immer wieder von der globalen Wirtschaftskrise, von Strukturkrisen, Krisenstäben, Krisensitzungen. Das Wort »Krise« ist eines der Hauptschlagworte unserer Zeit. Wir befinden uns heute auf diesem Planeten in einem Krisenzustand, der alle Lebensbereiche berührt: Gesundheit, Umwelt, Wirtschaft, die Pflanzen- und Tierwelt, Politik, Religion, nicht zuletzt die menschlichen Beziehungen. Von diesen weltweiten Krisen und Umbruchsituationen sind alle Menschen betroffen, auch wenn viele es nicht wahrhaben wollen.

Im Bereich der Psychologie sind Krisen ein zentrales Thema. Lebenskrisen entstehen in psychischen Konfliktsituationen. Teilweise sind sie in der körperlichen und seelischen Entwicklung vorprogrammiert, wie z. B. Pubertätskrisen, Alterskrisen und die Krisen in der Lebensmitte; teilweise werden sie durch äußere Ereignisse mitbedingt, wie z. B. Arbeitslosigkeit, Trennung, Krankheit, Verlust eines Partners oder eines Kindes, Tod. Krisen können auch durch die Spannungen und Konflikte verursacht werden, die zwischen den Polaritäten des Lebens entstehen: Freiheit und Bindung, Autonomie und Abhängigkeit, Werden und Vergehen, Liebe und Hass, Vereinigung und Trennung.

Krisen haben immer mit notwendigen Veränderungen und Wandlungsprozessen zu tun. Die alten Chinesen haben um diese Zusammenhänge gewusst: Ihre taoistische Philosophie bringt ein besonderes Verständnis für Wandlung und Veränderung im Kräftespiel der Polaritäten Yin und Yang zum Ausdruck. Das chinesische Wort für Krise »Wei Jii« setzt sich aus den Schriftzeichen für »Gefahr« und »gute Gelegenheit, Chance«, zusammen. Krisenzeiten sind also immer Gefahren- und Chancenzeiten. Krisen sind Grenzsituationen, Zeitpunkte, in denen der Mensch als Ganzes in Frage gestellt ist und eine Veränderung erfährt, aus der er bzw. sie als ein anderer hervorgeht.

Eine Krise bedeutet: Gefahr, Entscheidung, Höhepunkt, Umschlagpunkt, und auch wenn man sie positiv als Chance für Entwicklung, Wachstum und Reife sehen kann, wird sie von den Betroffenen keineswegs als positiv erlebt. Sie ist eine Zustandsänderung, vor der sich niemand schützen kann, und wenn sie einen Menschen trifft, fühlt er sich aus der Bahn geworfen, ist er hoffnungslos und verzweifelt. Krisen sind Situationen der Zuspitzung, in denen Menschen oft von Panik und Angst ergriffen werden und keinen Ausweg mehr sehen. Eine existentielle Krise betrifft die gesamte Lebenssituation. Sie verändert:

- das Selbstbild eines Menschen und seine Beziehung zu sich selbst, sein Selbstvertrauen,
- die Beziehungen zu anderen, die Gefühle der Verbundenheit und Zugehörigkeit,
- den Körper, der mit unterschiedlichen Symptomen auf eine Krise reagiert,
- das Gefühl von Sicherheit, Integrität, Vom-Leben-gehalten-Sein, das verloren geht,
- die Kontinuität des Lebens, die unterbrochen ist.

Es gibt verschiedene Arten von Krisen, z. B. Entwicklungs- und Reifungskrisen, Anforderungskrisen, suizidale Krisen, Verlust- und Trauerkrisen, Krisen bei lebensbedrohenden Krankheiten, spirituelle Sinnkrisen. Wie Menschen verschiedene Krisen erleben und damit umgehen, wird in den folgenden Kapiteln noch deutlich.

### *Was Krisen auslöst und sie verstärkt*

In der psychologischen Forschung hat man untersucht, welche Ereignisse und Situationen als besonders krisenhaft erlebt werden. Es wurden bestimmte Krisenwerte ermittelt und die Situationen in einer Skala entsprechend aufgelistet.[1] An erster Stelle, mit dem Wert 100, steht in der von Holmes und Rahe erarbeiteten Liste der Tod des Ehepartners, danach folgen Scheidung und Trennung vom Partner, Tod eines nahen Angehörigen, eigene Erkrankungen und Verletzungen, der Verlust des Arbeitsplatzes bzw. der Rückzug aus dem Arbeitsleben, finanzielle Nöte wie Schulden, Schwierigkeiten mit Familienangehörigen, Gefängnisstrafen, Schwangerschaften (insbesondere unerwünschte), Wohnungswechsel, Umzüge, Schulwechsel, Schulbeginn, Ausbildungs- und Studienabschlüsse, der Auszug von Söhnen und Töchtern aus der Familie, und im unteren Skalenbereich dann kleinere Gesetzesübertretungen, Urlaub und Weihnachten. Letztere Krisenauslöser sind keineswegs zu unterschätzen, wie Mitarbeiterinnen und Mitarbeiter in Ehe- und Lebensberatungsstellen wissen.

Die Stressbelastung durch ein kritisches Lebensereignis ist umso höher, je mehr dieses Ereignis das gewohnte Leben verändert und je schwieriger die Wiederanpassung an die veränderte Situation ist. Die von Holmes und Rahe bereits in den 70er Jahren erstellten Ereignislisten sind seither vielfach adaptiert, kritisiert und erweitert worden. So sind in ihrer Skala noch keine Ereignisse erfasst, die durch Traumatisierung aufgrund von Gewalterfahrung ausgelöst wurden, z.B. nach sexuellem Missbrauch oder bei Mobbing im Beruf.

### *Die Bedeutung von Angst in Krisen*

Angst ist ein typisches Begleitphänomen von Lebenskrisen. Angst kennen wir alle. Sie ist eine Grunderfahrung von Beginn des Lebens an. Angst kann vor Gefahren warnen und war für die Menschen früherer Zeiten eine wesentliche Überlebenshilfe: Sie erhöht Aufmerksamkeit und Achtsamkeit, mobilisiert im Organismus Flucht- bzw. Kampfbereitschaft und ist somit ein biologisch sinnvolles Reaktionsmuster, das dem Leben dient – von der Geburt bis zum Tod.

Obwohl Angst ein ebenso natürliches Grundgefühl ist wie Freude, ist das Eingestehen von Ängsten in unserer Gesellschaft schwierig. Ängste werden heute schnell in den Bereich der Störungen geschoben, und Angst zu haben und zu zeigen ist unangenehm. Ängste widersprechen dem zeitgemäßen Ideal, immer fit, immer gut drauf zu sein, selbstbewusst die Dinge anzufassen, nicht zu zeigen, wenn man sich ängstlich und bedroht fühlt. Angst gilt als Schwäche, die nicht eingestanden werden darf. Vermeidung, Verdrängung und Leugnung werden daher oft als Abwehrmechanismen eingesetzt.

Angst wird häufig im sozialen Rückzug bis zur Isolation verborgen, z.B. bei Selbstmordgefährdeten. Angst vor Leistungsansprüchen und Versagen wird vielfach mit Hilfe von Medikamenten überdeckt. Schon Schulkinder nehmen in erschreckendem Maße Beruhigungsmittel, um dem wachsenden Schulstress und der Versagensangst weniger ausgeliefert zu sein. Erwachsene betäuben ihre Ängste oft mit Alkohol, ohne verhindern zu können, dass ihnen die Angst in Krisensituationen den Boden unter den Füßen wegzieht und sie wie eine Flutwelle erreicht und zu überschwemmen droht.

Von solchen Angstsituationen sprechen auch schon die Psalmen des Alten Testaments. Psalm 68, ein jahrtausendealter Text, ist der Hilfeschrei eines Menschen in einer Situation angstvoller Not und Verzweiflung:

> Gott, hilf mir,
> denn das Wasser geht mir bis an die Kehle.
> Ich versinke im tiefen Schlamm,
> wo kein Grund ist.
> Ich bin in tiefe Wasser geraten,
> und die Flut will mich ersäufen.

Aber viele heutige Menschen können eine göttliche Macht nicht mehr so selbstverständlich ansprechen, auch wenn ihnen das Wasser bis zum Halse steht und die Angst sie zu überwältigen droht.

Der Philosoph Sören Kierkegaard beschreibt die Angst als etwas, das Menschen zur Auseinandersetzung mit ihrer Existenz zwingt. Er unterscheidet zwischen Angst und Furcht: Furcht als etwas, das sich auf ein bestimmtes Objekt richtet, und Angst als letztlich die Angst vor dem Nichts, aber auch als ein Anruf des Transzendenten. Die Angst, so Kierkegaard, löst den Menschen aus vermeintlichen Sicherheiten und Täuschungen, stellt ihn in die Möglichkeit der Freiheit, in die Möglichkeit, den Sprung in das ganz Andere, Transzendente, zu machen.

Angst ist eine der größten Schwierigkeiten bei einschneidenden Lebensveränderungen, die eine Neuorientierung und Neuanpassung an das Leben erfordern. Es sind vielfältige Ängste: dem Neuen nicht gewachsen zu sein, Angst vor Verlusten, vor Misserfolgen, Angst vor Kritik, Angst, sich zu blamieren, Angst vor Katastrophen … Zuweilen steigert sich die Angst auch zu einer Angst vor der Angst.

Gerade bei Entwicklungs- und Reifungsschritten, die Neues von uns fordern, ist es wichtig zu akzeptieren, dass diese Schritte *mit* der Angst gewagt werden müssen und dass nicht gewartet werden kann, bis man sie ohne Angst gehen kann. Manchmal ist es hilfreich, sich schrittweise der Angst zu nähern und zu prüfen, inwieweit die Angst mit alten Erfahrungen gekoppelt ist, also unter Umständen mit der neuen Situation wenig zu tun hat. Manchmal ist es auch wichtig, die Angst als Warnsignal anzunehmen und sich die Frage zu stellen: »Ist es jetzt der richtige Zeitpunkt, oder warnt die Angst davor, etwas zum falschen Zeitpunkt zu versuchen?« Auch die Frage: »Was ist denn das Schlimmste, das passieren könnte?«, hilft oft, sich gedanklich anders auf die Situation und mögliche Folgen einzustellen.

Die wichtigste Einstellungsänderung im Umgang mit persönlichen Ängsten ist: die Angst als Begleitgefühl zu akzeptieren und gleichwohl der Hoffnung Raum zu lassen gemäß dem ermutigenden Satz von Václav Havel: »Hoffnung ist nicht die Überzeugung, dass etwas gut ausgeht, sondern die Gewissheit, dass etwas Sinn macht, ohne Rücksicht darauf, wie es ausgeht.«

### *Schutzkräfte der Seele: Über Vulnerabilität, Resilienz und Selbstwirksamkeit*

Menschen können in sehr verschiedenem Ausmaß von Krisen und kritischen, lebensverändernden Situationen betroffen sein. Sie sind aufgrund von ererbten Dispositionen und bisherigen Lebenserfahrungen unterschiedlich verletzbar und belastet. In der Psychologie sprechen wir von der je spezifischen seelischen Verwundbarkeit eines Menschen, von seiner Vulnerabilität, und seinen seelischen Widerstandskräften, der Resilienz. Resilienz ist eine Fähigkeit zur Selbstregulierung, die bei Störungen des Wohlbefindens und des seelischen Gleichgewichts ausgleichend wirken kann. Auch in der Krisenhilfe ist es wichtig, nicht nur das Ausmaß der seelischen Beeinträchtigungen zu sehen, sondern ebenso das Widerstands- und Selbstheilungspotential eines Menschen.

Seelische Krisen sind immer ein subjektives Phänomen. Nicht die objektive Schwere eines Problems ist entscheidend, sondern das subjektive Erleben. In der Psychologie sprechen wir dann von einer Krise, wenn ein Ungleichgewicht besteht zwischen der subjektiven Bedeutung, die ein Problem für den Betroffenen hat, und den Bewältigungsmöglichkeiten, die ihm zur Verfügung stehen. Was den einen Menschen in eine tiefe Krise stürzt, kann ein anderer verarbeiten, ohne in einen Krisenzustand zu geraten.

Es gibt Menschen, die eine Trennung durchleben, ihren Arbeitsplatz verlieren, in einen schweren Verkehrsunfall verwickelt werden und die diese Lebenserfahrungen verkraften können, ohne in eine schwere Krise zu geraten. Auch wenn das Leben sie beutelt, scheinen sie über seelische Kräfte und Schutzfaktoren zu verfügen, die sie vor krisenhaften Zusammenbrüchen bewahren. Andere dagegen sind schon unter Normalbedingungen belastet und bei kleinen und mittleren Alltagsärgernissen seelisch angegriffen und verletzt. Ihre seelische Verwundbarkeit ist besonders hoch.

Forschungen haben aufgezeigt, dass nicht alle Kinder, die in schlimmen und sehr belastenden Familiensituationen aufgewachsen sind, als Erwachsene besonders geschädigt sind.[2] Sie verfügen über psychische und physische Stärken, die es ihnen ermöglichen, ihr Leben ohne langfristige Beeinträchtigungen zu bewältigen. Sie fühlen sich auch nicht als Opfer. Rosemarie Welter-Enderlin nennt es »Gedeihen trotz widriger Umstände«[3]. Menschen mit hoher Resilienz sind auch eher in der Lage, bei großem Kummer und Schmerz selbst nach Lösungsansätze für ihre Probleme zu suchen, sie können sich auch leichter Unterstützung holen. Aktuelle Studien zeigen aber auch auf, dass Resilienz nicht einfach auf angeborene Faktoren zurückzuführen ist, sondern auch durch Lernen gefördert werden kann, und zwar in jedem Lebensalter.

Ein besonders wichtiger Bestandteil der Resilienz ist die Einstellung, nicht einfach Opfer ungünstiger Umstände oder des Schicksals zu sein, sondern das eigene Leben positiv beeinflussen und gestalten zu können. Dies gilt auch für Menschen, die traumatische Erfahrungen machen mussten. Nicht jeder Betroffene erleidet ein Trauma mit posttraumatischen

Belastungsstörungen. Manche Menschen verfügen über eigene Ressourcen und Kompetenzen und sind in der Lage, ein gewisses Maß an Kontrolle über die jeweilige Situation auszuüben – in der Psychologie spricht man von Selbstwirksamkeit.

Selbstwirksamkeit bedeutet, fähig zu sein, in einer kritischen und beeinträchtigenden Situation das Erforderliche und Notwendige zu tun – mit dem Gefühl, selbst etwas bewirken und das eigene Leben bestimmen zu können. Sie ist daher eine wichtige Ressource für Resilienz. Selbstwirksamkeit hängt aber auch wieder davon ab, über welche persönlichen, sozialen und materiellen Ressourcen ein Mensch verfügen kann.

Das Wort »Ressource« (aus dem Französischen *source* = Quelle) steht für Fähigkeiten, Kenntnisse, Stärken, Kraftquellen, innere Bilder und Leitsätze, kurz, alles, was sich zur Bewältigung des Alltags als hilfreich erweisen kann, insbesondere in Krisensituationen. Gerade in Krisenzeiten, wenn Selbstwertgefühl und Sicherheit erschüttert sind, ist die Suche nach hilfreichen Ressourcen besonders wichtig.

Ressourcen sind alle Dinge, die Menschen für ihr Leben und ihre Lebensbewältigung benötigen und für wertvoll halten. Dies können materielle Dinge sein, z.B. die eigene Wohnung als Ort, an dem man sich wohl und geborgen fühlt, oder Mittel, um bestimmte Ziele zu erreichen, z.B. Geld für ein Studium oder eine Reise; es können bestimmte Lebensbedingungen und Faktoren sein wie eine tragfähige Lebenspartnerschaft, eine sichere Arbeitsstelle oder eine bestimmte berufliche Qualifikation. Ressourcen können aber auch psychische Faktoren sein wie das Selbstwertgefühl, Freundschaftsbeziehungen, soziale, künstlerische Fähigkeiten und Begabungen, Lernfähigkeit, Genussfähigkeit z.B. in Bezug auf Musik. Alles, was ein bestimmter Mensch als wertvoll, nützlich und hilfreich erlebt, kann zu einer Ressource für ihn werden.

Menschen mit wenigen sozialen Verbindungen und Ressourcen sind ganz besonders betroffen, wenn sie in eine Krise geraten, denn eine der wichtigsten Ressourcen in Krisensituationen ist soziale Unterstützung. Ressourcenaktivierung nimmt in allen zeitgemäßen Psychotherapieformen einen großen Raum ein. Dies gilt auch für die Traumabehandlung und die Krisenhilfe. Wie wir aus der Psychotherapieforschung wissen, ist Ressourcenaktivierung ein entscheidender Wirkfaktor für Veränderungsprozesse. Ein wichtiger Schritt ist dabei, im Sinne einer Ressourcendiagnostik die jeweiligen persönlichen Stärken und Möglichkeiten eines Menschen herauszufinden und für den Prozess der psychischen Heilung oder Bewältigung einer Krise nutzbar zu machen.

### *Stress in Krisensituationen*

Ein lebensveränderndes kritisches Ereignis kann ein hohes Maß an Stress-Reaktionen auslösen. Es entsteht eine starke Übererregung neuronaler Strukturen. Besonders betroffen ist das sogenannte Limbische System, das man auch als »Emotionszentrum« bezeichnen kann. Es kommt zu einer akuten »Alarmreaktion«, da die Situation als bedrohlich und beängstigend wahrgenommen wird. Dabei kann die übliche Informationsverarbeitung so blockiert sein, dass Menschen nichts mehr aufnehmen können, Informationen sie überhaupt nicht erreichen. Dies kann z.B. bei der Mitteilung einer Krebsdiagnose passieren.

Im Kontext von Krisen kann man alle Ereignisse, die mit Gefühlen von Bedrohung, Verlust und mit psychischen Beschädigungen verbunden sind, als Stress auslösende Faktoren betrachten. Wie stark das Ausmaß an Stress-Belastung in einer kritischen Situation wird, ist jedoch von Person zu Person sehr unterschiedlich. Ein und dasselbe Ereignis kann im individuellen Lebenskontext höchst unterschiedlich erfahren und bewertet werden: Das Schulversagen eines Kindes wird in der einen Familie als außerordentliche Belastung mit hohem Stress erlebt, in einer anderen wird damit ruhiger und gelassener umgegangen, ohne dass es zur Krise kommt. Der Stress ist in der Regel umso höher, je mehr ein Ereignis die gewohnten Lebensabläufe verändert und je größer der Energieaufwand zur Bewältigung der Situation ist.

Stress in Krisensituationen ist ein Belastungserleben der ganzen Person, hat zu tun mit dem Missverhältnis zwischen dem, was die Situation erfordert, und den nicht verfügbaren Handlungsmöglichkeiten.

Die meisten körperlichen Stress-Reaktionen werden nicht

bewusst registriert, sondern laufen unbewusst ab. Der Körper steht unter Dauerbelastung, Hormone wie Cortisol, Adrenalin und Noradrenalin werden vermehrt ausgeschüttet. Wenn dann in der Krisensituation keine Entspannungsphasen folgen, ist der Körper in einem Zustand von Daueralarm, der seine Energiereserven aufzehrt. Anzeichen für Stress sind vor allem: Nervosität, Konzentrationsschwierigkeiten, Vergesslichkeit, Schwierigkeiten, Entscheidungen zu treffen, Unruhe, die mit starker Angst verbunden ist, das Erleben der Anforderungen als Überforderung.

Grundsätzlich kann Stress zwar auch aktivierend und befreiend wirken. Diese Art Stress wirkt nicht schädlich und wird »Eustress« genannt. In kritischen Lebensphasen ist der situativ erlebte Stress jedoch vor allem Distress, »negativer Stress«, der sich auch auf das Immunsystem schädlich auswirken kann.

## *Kapitel 2: Krisen und die Suche nach dem Lebenssinn*[4]

Krisen und Schicksalsfragen sind immer verknüpft mit der Suche nach Sinn und Lebensglück. Der Dalai Lama sagt dazu: »Ich bin davon überzeugt, dass der eigentliche Sinn unseres Lebens im Streben nach Glück besteht. [...] Unser Leben ist auf Glück hin ausgerichtet.«[5] Dazu gehört für ihn, menschliche Qualitäten zu entfalten: Herzenswärme, Güte und Mitgefühl. Dann, so sagt er, »wird unser Leben sinnvoll, friedvoller und damit glücklicher.«[6]

Schicksalsschläge, das sind vor allem Katastrophen, Krankheit und Leid, die die Fragen aufwerfen: »Warum ich? Warum?« Aber man kann auch fragen: »Warum ich nicht?« Woher nehmen wir den Anspruch, nicht auch von dem betroffen zu werden, was Tag für Tag an Unglück geschieht: Menschen geraten in schwere Verkehrsunfälle, sie werden Opfer von menschlicher Gewalt, oder ein Kind wird mit einer schweren Behinderung geboren und braucht lebenslang Pflege. Für alle Betroffenen sind es unerwartete Schicksalsschläge. Warum sollte ich nicht auch davon betroffen sein können?

Für Viktor Frankl, den Begründer der Logotherapie, bedeutet eine solche Fragenumkehr, »der Frage nach dem Sinn des Lebens eine kopernikanische Wende [zu] geben: Das Leben selbst ist es, das dem Menschen Fragen stellt. Er hat nicht zu fragen, er ist vielmehr der vom Leben befragte, der dem Leben zu antworten, das Leben zu verantworten hat.«[7]

Die Sinnfrage bricht besonders auf in den Übergangssituationen, Krisen und Bruchstellen des Lebens, beim plötzlichen Verlust eines geliebten Menschen oder der Diagnose einer lebensbedrohlichen Krankheit. Sie gehen einher mit Gefühlen des existentiellen Ausgeliefertseins, der Ohnmacht und Gefahr; sie können die Ich-Identität eines Menschen schwer erschüttern. Schwere Lebenskrisen und die Unfähigkeit, sie mit den eigenen Mitteln zu bewältigen, sind häufig der Anlass, therapeutische Hilfe und Begleitung zu suchen. Es sind vor allem die Krisen und Grenzfälle des Lebens, die Menschen nach Schicksal, Sinn und Unsinn des Lebens fragen lassen.[8]

Der Mensch ist dasjenige Wesen, das für sein Leben Sinn sucht und braucht. C.G. Jung sagt: »Wie der Körper der Nahrung bedarf, und zwar nicht irgendwelcher, sondern nur der ihm zusagenden, so benötigt die Psyche den *Sinn* ihres Seins [...].«[9] Übrigens meint die indogermanische Wurzel des Wortes Sinn »sent« ursprünglich: eine Fährte suchen, eine Richtung einschlagen, nach etwas streben, reisen. Der Hinweis steckt auch noch in dem Ausdruck »im Uhrzeigersinn gehen«.

Das Sinnbedürfnis basiert nach R. Baumeister[10] auf vier grundlegenden Aspekten, die immer wieder des Ausbalancierens und der Neuinterpretation bedürfen, um dem Leben Sinn und Richtung zu geben. Diese vier Aspekte sind:

1. Das Leben ist sinnvoll, wenn es darin Ziele gibt.
2. Das Leben hat Sinn, wenn es an Wertvorstellungen orientiert ist und davon bestimmt wird.
3. Das Leben macht Sinn, wenn Menschen das Gefühl der Kontrolle und Selbstwirksamkeit haben.
4. Das Leben wird als sinnvoll erlebt, wenn Menschen das Gefühl haben, selbst wertvoll und wichtig zu sein.[11]

### *Die Frage nach dem Sinn*

Wir leben in einer Zeit rasanter kultureller und gesellschaftlicher Änderungsprozesse. Die »neue Unübersichtlichkeit der Welt«[12] – so der Philosoph Jürgen Habermas – führt allgemein zu vermehrten Verunsicherungen, Orientierungsverlust und Vereinzelung. Die Ellenbogengesellschaft mit ihren sogenannten Ich-Agenturen und mit ihrem Wertewandel und Werteverlust stößt manche in ein existentielles Vakuum und in Sinnkrisen, auch jene, die alles haben, *wovon* man lebt, aber wenig oder nichts, *wofür* es sich zu leben lohnt.

Tiefe existentielle Lebens- und Sinnkrisen erleben auch Menschen in einer Gesellschaft, die sich krampfhaft bemüht, eine Spaß- und Erlebnisgesellschaft zu sein. Aber unterhalb dieser Oberfläche gibt es heutzutage vielfache spirituelle Gegenbewegungen. Immer mehr Menschen sind unterwegs auf den spirituellen Pfaden des Yoga, der christlichen Kontemplation, des Zen, des Sufismus, des Tai Chi. An vielen Orten treffen sich still und unauffällig Menschen regelmäßig zur gemeinsamen Meditation und zu spirituellen Übungen. Es erwächst langsam eine transkonfessionelle Spiritualität, eine Mystik des 21. Jahrhunderts. Einer ihrer Wegbereiter im deutschsprachigen Raum ist der Meditationslehrer Pater Willigis Jäger.

Menschen, die regelmäßig meditieren, suchen spirituelle Erfahrungen im transpersonalen Bewusstseinsraum, leben so eine unmittelbare Religiosität, von der man niemanden argumentativ überzeugen kann. Die Tür zu diesem inneren Erfahrungsraum öffnet sich für manche Menschen in Lebenskrisen, die ihre bisherige Weltsicht in Frage stellen. Dann geht die Tür nach innen auf.

### *Sinnfindung und Selbstwerdung in der Analytischen Psychologie*

Auch die Analytische Psychologie geht davon aus, dass die Suche nach Sinn, nach *religio* – Wiederanbindung – ein tiefes A-priori-Bedürfnis des Menschen ist. C. G. Jung sagt: »Religionen stehen nach meiner Ansicht mit allem, was sie sind und aussagen, der menschlichen Seele so nahe, dass am allerwenigsten die Psychologie sie übersehen darf.«[13] »Vocatus adque non vocatus deus aderit« (»Gerufen oder nicht gerufen, Gott wird da sein«) ließ er über die Türschwelle seines Hauses in Küsnacht meißeln. Gerufen oder nicht gerufen – auch in Therapie und Krisenhilfe tauchen religiöse Fragen, Gottesbilder und Sinnfragen auf.

Ingrid Riedel ist der Überzeugung: »Es zeichnet […] die Jung'sche Psychologie vor allen anderen Richtungen aus und charakterisiert ihren besonderen Ort innerhalb der Tiefenpsychologie, dass sie ihren Schwerpunkt dort hat, wo es um die Sinnsuche und die Sinnfrage geht.«[14] Dabei bewegen sich die Sinnfragen und religiösen Erfahrungen im Bereich des Symbolischen: »Auch Religion und Theologien haben nie in einer anderen Sprache als in einer symbolischen zu sprechen vermocht.«[15] Aber Symbole, Gottesbilder, die sich in Träumen, in Imaginationen, in der therapeutischen Arbeit melden, sind nur Rohmaterial. Jung betont: »Sie sind nur Rohmaterialien, die, um sinnvoll zu werden, noch der Übersetzung in die Sprache der jeweiligen Zeit bedürfen.«[16]

Wenn es um Begleitung und Hilfe für den ganzen Menschen geht, so muss der Erfahrungsraum therapeutischer Begleitung offen sein für das Numinose, für Sinnsuche, Sinnfindung und alle spirituellen und religiösen Fragen, die zum Menschsein untrennbar dazugehören. Psychotherapie, Medizin und Krisenhilfe dürfen Menschen weder somatisch noch psychisch reduzieren. Sie müssen sie als Einheit von Körper, Geist und Seele mit dem Verlangen und der Fähigkeit zur Transzendenz akzeptieren und behandeln.

C. G. Jung verstand bekanntlich viele seelische Erkrankungen als Ausdruck von Sinn- und Selbstverlust, als »ein Leiden der Seele, die ihren Sinn nicht gefunden hat«[17]. Die Lebensaufgabe der Individuation, das »Werden, der/die ich bin«, bedeutet immer auch die Auseinandersetzung mit Sinn und Sinnlosigkeit.[18]

Auf dem Gebiet der Entwicklungspsychologie war C. G. Jung einer der Ersten, der die Entwicklungs- und Reifungsprozesse der zweiten Lebenshälfte erforschte und beschrieb und der von einem lebenszeitlichen Kontinuum ausging. Jung nannte diesen Prozess des lebenslangen »Werde, der/die du bist« Individuation. Sie ist das Herzstück der Analytischen Psychologie. Dabei geht es um einen lebenslangen Prozess der Selbstverwirklichung und fortschreitenden Entfaltung der Persönlichkeit, um die Suche nach seelischer Ganzheit und Vollständigkeit. Wo die Ganzheit fehlt, wo Menschen keine Kohärenz, keinen Zusammenhang in ihrem Leben finden, sind sie oft demoralisiert, stumpfen ab und verkümmern.

Was kann Individuation im Zeitalter der Postmoderne bedeuten? So wichtig und notwendig es ist, seine Ganzheit zu suchen, so richtig ist auch das Gegenteil: mit dem Unvollständigen, Unvollkommenen, Fragmentarischen des eigenen Lebens einverstanden sein zu können. Individuation bedeutet also einerseits, nach Ganzheit zu streben, und auf der anderen Seite zu lernen, unvollständig und fragmentarisch zu sein und sich selbst auch so annehmen zu können. Es geht darum, den Mut zu haben, das eigene Leben zu leben – unabhängig von der Frage, wie heil, vollständig, unvollständig, misslungen oder fragmentarisch es in Teilen ist.

Krise und Entwicklung im Sinne der Individuation gehören zusammen. Wer seinen Verlusten und Schwierigkeiten Sinn abgewinnen kann, einen verborgenen Sinn in ihnen zu entdecken vermag, hat am Ende das Gefühl, eine Lebensprüfung bestanden zu haben, daran gewachsen, gereift zu sein. Der

Sinn, den wir suchen, liegt nicht im Außen, in den Ereignissen oder in einem äußeren erkennbaren Zweck, sondern in der Einsicht, dass der Lebensweg ein Weg der Entwicklung ist, mit Aufbau- und Abbauphasen. C. G. Jung ist der Überzeugung: »Der Mensch braucht unbedingt Vorstellungen und Überzeugungen, die seinem Leben einen Sinn geben und ihn in die Lage versetzen, für sich einen Platz im Universum zu finden. Er kann die unglaublichsten Leiden ertragen, wenn er davon überzeugt ist, dass sie einen Sinn haben. [...] Das Gefühl einer tieferen Bedeutung des eigenen Lebens hebt einen Menschen über das bloße Nehmen und Geben hinaus. Hat man dieses Gefühl nicht, dann ist man elend und verloren.«[19]

In den Krisen des Lebens steckt oft eine mögliche Sinnbotschaft, ein Anruf, eine Herausforderung des Lebens zum Neubeginn. Indem wir den Sinn einer Krise für unser Leben zu begreifen suchen, überstehen wir nicht nur die Krise, wir ahnen etwas vom Sinn unseres Lebens überhaupt, können manchmal erkennen, in welche Wandlungsprozesse uns das Leben auf dem Weg der Individuation schickt.

### *Sinnsuche in der Krisenbegleitung*

Wie zeigt sich das Ringen mit Sinnfragen und die Suche nach dem eigenen Selbst im Rahmen einer Krisenbegleitung? Ein Fallbeispiel[20]:

#### RÜCKKEHR INS LEBEN

Frau K., Anfang fünfzig, musste im vorigen Jahr ihren einzigen Sohn beerdigen. Er hatte kurz vor dem Staatsexamen seinem Leben durch einen Sprung vom Hochhaus des Studentenheims ein Ende gesetzt. Der Abschiedsbrief macht deutlich: Er hielt sich für einen Versager, der unmöglich das Examen schaffen könne und die Erwartungen der Mutter nur enttäuschen würde. Michael, der nur mit viel Hilfe der Mutter das Abitur geschafft hatte und zum Studium gekommen war, konnte diese Hürde für sich nicht schaffen. Zurück blieb Frau K., alleinstehend, in tiefem Schock über die Selbsttötung ihres einzigen Sohnes, voller Fragen, Schuldgefühle und Zweifel, ob sie mit ihren Erwartungen an den Sohn dazu beigetragen habe, dass ihm das Weiterleben unmöglich schien. Ihr selbst kommt ihr Weiterleben sinnlos vor. Nach außen hin hält sie sich aufrecht, innerlich ist sie wie versteinert. Überall meint sie, Verdächtigungen und unausgesprochene Schuldzuweisungen zu spüren – eine alleinerziehende Mutter, die die Erziehung ihres Kindes nicht hinbekommen hat.

Ca. 11 000 Menschen begehen jedes Jahr in Deutschland Suizid. Was immer die Auslöser und Gründe dafür sind, für die Angehörigen, die Eltern, Geschwister, Lebenspartner, die eigenen Kinder, die Freunde, ist es meist ein schwerer Schlag. Ein Schatten fällt auf sie, und es ist nicht selten, dass sie in dieser Situation therapeutische Hilfe suchen.

Eltern, die durch Suizid ihr Kind verloren haben, spüren zusätzlich zu ihrem Leid oft eine schmerzhafte und kränkende Distanzierung der Umwelt, als würde ihnen eine Mitschuld am Tod ihres Kindes zugewiesen. Sie leiden oft unter der Ächtung und dem Verdacht: »In der Familie ist dann doch nicht alles in Ordnung gewesen.« Sie erleben Distanzierung anstelle von Mitgefühl und Anteilnahme, die sie so dringend benötigten. Die Therapie muss hier zunächst Schutz geben, um dann einen Raum für alle Gefühle zu öffnen.

Vor allem klagen sich Eltern, Angehörige und Partner selbst an, wenn ein Kind, Bruder, Schwester oder ein Ehepartner von sich aus sein Leben beendet hat, so auch Frau K.

Sie quält sich selbst mit schweren Vorwürfen, gibt sich die Schuld, mit ihren Erwartungen und Plänen für ihren Sohn diesen in den Tod getrieben zu haben. Ihr Leben kommt ihr wie ein einziges großes Versagen vor. Lange braucht sie, um sich daraus zu lösen, sich selbst das Recht zur Klage zu geben, chaotische Gefühle der Trauer, der Verzweiflung, der Enttäuschung, zunehmend auch Zorn auf den Sohn und Vorwürfe an ihn, dass er sie auf diese Weise verlassen hat, zuzulassen. Immer wieder braucht sie die Vergewisserung durch ihre Therapeutin, dass sie nicht die Verantwortung für den Entschluss ihres Sohnes übernehmen kann, sondern dass dieser sich auf diese Weise mit diesem Schritt auch sein Recht genommen hat, über sein Leben selbst zu verfügen. Es entlastet sie auch, die Dynamik des präsuizidalen Syndroms zu verstehen und zu begreifen, wie eingeengt, unfrei in den letzten Stadien eines Suizids Menschen oft sind, wenn sie in die Bannmeile des Todes geraten sind.

Für Frau K. geht es in der Begleitung in ihrer Trauerkrise um die Hilfe bei der Differenzierung zwischen dem neurotischen Übermaß an Schuldgefühlen und dem Anteil an Versagen und Fehlern, der zu unserem Leben dazugehört und der auf erwachsene Weise zu tragen ist.

Aber, so beginnt sie zu fragen, was kommt nach dem Tod? Wo ist die Seele ihres Sohnes? Diese Fragen beschäftigen sie nun brennend, sie sucht und forscht nach Erklärungen, vertieft sich selbst in die Reinkarnationslehre, wendet sich den Resten ihres christlichen Glaubens zu. Mich fragt sie eindringlich, was ich darüber denke, was mit Seelen von Selbstmördern geschieht. Ich antworte ihr mit den Zeilen aus Rainer Maria Rilkes Herbstgedicht:

*Herbst*

Die Blätter fallen, fallen wie von weit,
als welkten in den Himmeln ferne Gärten;
sie fallen mit verneinender Gebärde.

Und in den Nächten fällt die schwere Erde
aus allen Sternen in die Einsamkeit.

Wir alle fallen. Diese Hand da fällt.
Und sieh dir andre an: es ist in allen.

Und doch ist Einer, welcher dieses Fallen
unendlich sanft in seinen Händen hält.[21]

Diese Worte kann sie annehmen, als tiefen Trost empfinden. Sie macht die Zeilen »Und doch ist Einer…« gewissermaßen zu ihrem Mantra und verbindet es in ihrer Imagination mit tragenden Händen, die auch ihr Fallen in diese schwere Trauerkrise sanft halten.

Versuche, in einer Selbsthilfegruppe für Trauernde Unterstützung zu finden, bricht sie nach kurzer Zeit ab. Noch kann sie das Leid der anderen nicht in Mitgefühl mit aushalten und tragen. Ihr eigener Schmerz und ihr Leid sind für sie eine zu sehr drückende Last. Ihre Therapiestunden sind ihr Halt.

Ganz langsam bahnt sich die Rückkehr ins Leben an, bekommt sie wieder ein Gefühl für ihr eigenes Leben und dafür, wie kostbar Lebenszeit ist. »Es geht ja um mein Leben«, kann sie jetzt sagen, »und darum, wie ich mein Leben sinnvoll leben kann.«

Es gibt Auferstehungen im Leben, auf die es geduldig in der Therapie und der Krisenbegleitung zu warten gilt, entsprechend der Ermutigung in Hilde Domins Gedicht:

*Nicht müde werden*

Nicht müde werden
sondern dem Wunder
leise
wie einem Vogel
die Hand hinhalten.[22]

Rückkehr ins Leben, wieder Hoffnung finden, das Leben für sich selbst wieder bejahen zu können und Sinn darin zu finden, das sind für mich numinose Erfahrungen, Wunder, die ich in der Krisenbegleitung von Menschen immer wieder miterleben darf.

Vor allem die Krisen im Umfeld eines Suizids oder Suizidversuchs werfen die Frage nach dem Zusammenhang von Leben, Sterben und Tod in besonderer Weise auf. Ein Suizid ist ein Memento mori, das die Hinterbliebenen und Angehörigen mit der Verletzlichkeit und Endlichkeit des Lebens konfrontiert, ebenso mit den uralten Menschheitsfragen: Woher kommen wir? Wohin gehen wir? Der Raum der Begleitung muss offen sein für solche Fragen und für die Art des Umgehens, die der Patient, die Patientin für sich wählt.

Neben den handwerklich-therapeutischen Hilfen zur Bewältigung einer traumatischen Verlustkrise muss der Therapeut oder die Beraterin ein naher Wegbegleiter sein, der die Betroffenen nicht allein lässt und sich selbst auch bei existentiellen Fragen nicht verweigert.

Aber auch bei anderen lebensverändernden Ereignissen erlebe ich immer wieder, wie Sinnfragen hinter den konkreten Lebensproblemen und psychischen Störungen verborgen sind. Dies ist besonders deutlich bei Menschen mit Krebserkrankungen, wie ich im nachfolgenden Kapitel noch zeigen werde. Auch hinter einer Burn-out-Krise, mit der Menschen zunehmend heute in die Therapie kommen, verbirgt sich häufig ein Verlust an Lebenssinn in den bisherigen Lebensmustern. Gefühle von Sinnleere und Sinnlosigkeit haben sich oft leise eingeschlichen, zunächst nur als vage Unzufriedenheit, Zweifel, Erschöpfung oder auch als Ohnmacht und Machtlosigkeit gegenüber rigiden Organisationsabläufen. Auch in Burn-out-Krisen ist es nach meinen Erfahrungen wichtig und notwendig, auf mögliche Sinnfragen einzugehen, um den Entwicklungsstillstand und -notstand der Seele ins Bewusstsein zu bringen. Die Chance von Burn-out-Krisen liegt dann darin, wieder in lebendigen Fühlkontakt mit eigenen zentralen Bedürfnissen zu kommen und nach Lebensveränderungen zu suchen, die der Individuation, dem »Werde, der/die du bist«, wieder Raum geben.

Die verschiedenen Arten von Krisen – auch Krisen im Umfeld von Suizid, lebensbedrohlicher Erkrankung und Burn-out, auf die hier nur kurz eingegangen werden konnte – werden im nachfolgenden Kapitel noch ausführlicher beschrieben.

Es soll mit dem bisher zu Sinnsuche und Lebenssinn Gesagten nicht der Eindruck erweckt werden, als sei damit alles im Leben verstehbar und integrierbar und als gäbe es nicht auch Sinnlosigkeit und Absurdität. Bei all unseren Versuchen, Sinn im Leben zu suchen und zu finden, die Wege, die wir gegangen sind und gehen, zu verstehen und das Schicksal anzunehmen, bleiben immer noch auch das Nichtverstehbare, Dunkle und Rätselhafte, vielleicht auch das Absurde und Widersinnige.

### Krise, kritisches Lebensereignis, Trauma, Anpassungsstörung: Unterschiede und Gemeinsamkeiten

In der umfangreichen psychologischen Fachliteratur zum Thema Krisen finden sich verschiedene Begriffe, die zum Teil synonym verwendet werden. Genannt werden vor allem »Krise«, »kritisches Lebensereignis«, »Trauma« und »Anpassungsstörung«, die voneinander unterschieden werden können, aber auch Gemeinsamkeiten aufweisen. Ich gehe, wie schon in Kapitel 1 »Was sind psychische Krisen?« deutlich wurde, in diesem Buch von der folgenden Definition aus: »Unter psychosozialen Krisen versteht man den Verlust des seelischen Gleichgewichtes, den ein Mensch verspürt, wenn er mit Ereignissen und Lebensumständen konfrontiert wird, die er im Augenblick nicht bewältigen kann, weil sie von der Art und dem Ausmaß her seine durch frühere Erfahrungen erworbenen Fähigkeiten und erprobten Hilfsmittel zur Erreichung wichtiger Lebensziele oder zur Bewältigung seiner Lebenssituation überfordern.«[23]

Eine psychosoziale Krise unterscheidet sich von anderen Formen kritischer psychischer Zustände (z.B. einer psychischen Erkrankung) durch spezifische Krisenauslöser, durch ihre zeitliche Befristung (eine Krise ist zunächst eher kurzfristig als langfristig und zeitlich begrenzt) und ihren offenen, nicht vorhersagbaren Verlauf, was die Zukunft betrifft.

Krisen werden meist durch kritische Lebensereignisse verursacht. Kritische Lebensereignisse sind Situationen, die den gewohnten Alltag unterbrechen und das Verhältnis des Menschen zu sich selbst und zu seiner Umwelt beeinträchtigen und verändern. Die Welt ist für die Betroffenen nicht mehr dieselbe wie vor dem Ereignis. Kritische Lebensereignisse sind verbunden mit Verunsicherung, Ängsten, Desorientierung und Schwierigkeiten, sich angemessen zu verhalten. Die normalen Problembewältigungsmuster sind oft nicht hinreichend. Kritische Lebensereignisse müssen aber nicht unbedingt nur mit *negativen* Zustandsveränderungen verbunden sein: Auch Ereignisse wie Heirat, Beförderung, hohe Geldgewinne oder der erfolgreiche Abschluss eines Studiums können Menschen labilisieren und in eine Krise bringen. 

Krise und Trauma haben verschiedene Merkmale gemeinsam:

- das Getroffensein von plötzlichen, unvorhersehbaren Ereignissen,
- das Erleben von Hilflosigkeit, Angst und des Verlusts von Kontroll- und Einflussmöglichkeiten,
- das Gefühl des Ausgeliefertseins und der Überforderung.

Ein Trauma ist eine direkte physische und/oder psychische Verletzung (griech. *trauma* = Verletzung), die die Integrität eines Menschen beschädigt, z. B. durch das Zufügen von Gewalt, durch Naturkatastrophen, Unfälle wie etwa ein Flugzeugabsturz, ebenso durch Terroranschläge, Überfälle, Krieg, Vertreibung, Flucht, Hungersnot, Folter – also durch Ereignisse, die die existentielle Bedrohtheit der menschlichen Existenz deutlich machen. In der Folge kann es zu schwerwiegenden sogenannten Posttraumatischen Belastungsstörungen (PTBS) kommen. Zur klinischen Diagnostik und zur Behandlung von seelischen Traumata gibt es differenzierte traumatherapeutische Behandlungskonzepte, die jedoch in diesem Buch nicht näher beschrieben werden.

Anpassungsstörungen haben mit schwierigen Lebensveränderungen zu tun. Insbesondere Übergänge in andere Lebensphasen sind Zeiten von Labilisierung, die mit Spannungen, Unsicherheiten und Ängsten verbunden sein können. Sie werden zur Krise, wenn Menschen sich dem Neuen nicht anpassen wollen oder können und versuchen, den Status quo, einen alten, überlebten Zustand, aufrechtzuerhalten. Dies erzeugt hohe innere Spannungen. Wir sprechen dann von einer Anpassungsstörung. Nach Hoffmann und Hofmann entstehen Anpassungsstörungen, wenn Menschen mit Situationen konfrontiert sind, in denen sie sich neu orientieren müssen und eine neue Haltung zum Leben finden müssen.[24] Sie verwenden die Begriffe »Anpassungsstörung« und »Lebenskrisen« synonym.

## Die verschiedenen Arten von Krisen

Krisen können nach unterschiedlichen Kriterien und Gesichtspunkten eingeteilt werden. Einige Autoren unterscheiden verschiedene sogenannte Lebensveränderungskrisen, die mit Ereignissen im normalen Lebenslauf zu tun haben, z.B. wenn ein Paar ein Kind bekommt und die Partner zu Eltern werden. Traumatische Krisen sind Krisen, die durch plötzliche, unvorhersehbare Ereignisse ausgelöst wurden, z.B. durch eine Vergewaltigung. Unter entwicklungspsychologischer Perspektive werden Krisen mit verschiedenen Lebensphasen in Verbindung gebracht, so gibt es z.B. Adoleszenzkrisen, Midlife-Krisen, Wechseljahrskrisen und Alterskrisen.

Sehr bekannt ist das Modell von Erik H. Erikson.[25] Er beschreibt darin den menschlichen Lebenslauf, eingeteilt in acht Entwicklungsstufen, von der Säuglingszeit bis ins späte Alter, wobei er jeder Stufe ein eigenes Krisenthema zuordnet, dem Säuglingsalter z.B. das Thema »Urvertrauen versus Misstrauen«.

Verena Kast unterscheidet Entwicklung-, Anforderungs- und Reifungskrisen. Sie beschreibt ferner Verlustkrisen, suizidale Krisen, Krisen bei lebensbedrohlichen Erkrankungen, Trauerkrisen sowie Krisen im therapeutischen Prozess. Sie differenziert außerdem zwei Krisentypen: Krisen durch Überstimulierung und Krisen durch Unterstimulierung.[26] Bei einer Verlustkrise durch Überstimulierung z.B. wird der Betroffene von Trauer und Schmerz überschwemmt. Alterskrisen durch Unterstimulierung können durch Vereinsamung, fehlende soziale Kontakte und mangelnde Anregung entstehen.

Die Krise durch Überstimulierung kann man auch als »laute« Krise bezeichnen. Menschen in einer solchen Krise sind übererregt und in ihrem Verhalten auffällig verändert. Sie werden überschwemmt von Gefühlen wie Angst, Zorn, Enttäuschung und können sich selbst kaum beherrschen. Sie sind »fassungslos«, es kann zu Affektdurchbrüchen kommen. Menschen in Überstimulierungskrisen müssen in der Krisenintervention beruhigt werden.

Der zweite Krisentyp kann als »stille«, »leise« Krise bezeichnet werden. Diese Krisen haben ein unauffälliges Erscheinungsbild. Die Betroffenen zeigen ein hohes Maß an Selbstkontrolle, haben sich sozusagen »fest im Griff«. Aber sie sind innerlich erstarrt, wirken manchmal wie innerlich vereist. Ihre Emotionen sind vom bewussten Erleben abgespalten, sie wirken emotionslos. Hier ist die wichtigste Aufgabe der Krisenhilfe, die Kriselnden wieder in lebendigen Fühlkontakt mit sich selbst zu bringen, so dass die Emotionen (das, was uns bewegt, von lat. *movere* = bewegen) wieder in Fluss kommen können.

Auch im Ausmaß der Krise und im Grad ihrer Dramatik können sich Krisen unterscheiden. Manche Krisen lassen sich jedoch nicht einfach zuordnen bzw. stellen Mischformen dar. So kann die Anforderungskrise eines bevorstehenden Examens zugleich eine Reifungskrise sein.

Unabhängig davon, ob es sich um Entwicklungs- und Reifungskrisen handelt oder um Krisen, die durch lebensverändernde Ereignisse ausgelöst wurden – es gibt keinen Weg an der Krise vorbei, für die Betroffenen gibt es nur den Weg durch die Krise hindurch. Krisenbewältigung und seelische Entwicklung im Sinne der Individuation gehören zusammen. Krisen sind nicht nur Zeiten seelischer Gefährdung und Verletzlichkeit, sondern bieten auch Möglichkeiten für persönliches Wachstum.

Jede Krisensituation bietet die Chance, gewohnte Verhaltensmuster zu verlassen, Neues zu erfahren – auch über sich selbst –, um für das weitere Leben Wichtiges zu lernen. Das soll bei der Beschreibung verschiedener Krisenarten und mit Hilfe der Fallbeispiele in den folgenden Kapiteln verdeutlicht werden.

# Kapitel 4: Trennungs- und Verlustkrisen

Trennungen und Verluste sind die häufigsten Anlässe, bei denen Menschen Hilfe und Krisenbegleitung suchen. Sie auf erwachsene Weise zu bewältigen, stellt eine besondere Herausforderung dar. Diese bedeutet zu lernen und zu akzeptieren, dass das Leben Sehnsüchte und Wünsche unerfüllt lässt, dass Lebenspläne zerbrechen und es kein Zurück gibt in etwas, das vergangen ist.

### TRENNUNGSDEPRESSION

Frau F. ist Mutter von drei erwachsenen Kindern, Frau eines Politikers und Geschäftsmannes, der sich nach einer Entziehungskur zur Trennung entschließt. Mit 57 Jahren ist sie gezwungen, sich nach einem Leben im traditionellen Familienmodell als Ehefrau und Mutter völlig neu auf ein Leben einzustellen, das sie selbst für sich gestalten muss, in dem sie selbst der Mittelpunkt ist. Der Umzug aus dem Haus in eine kleine Wohnung nach über zwanzig Jahren und insbesondere die Abwendung des Ehepartners, dessen heimliche Alkoholprobleme in den letzten Jahren für sie ein wichtiger Lebensinhalt waren, stürzen sie in eine tiefe Verzweiflung. Nicht dazu erzogen, ihr Leben selbst in die Hand zu nehmen, verfällt sie zunächst in lähmende Apathie und Depression.

Ohnmacht, Ausgeliefertsein und das Erleben eines Zustands von Selbstverlust sind zentrale Gefühle des Leidens an Trennung und Verlust. Leiden hat eine physische, psychische und soziale Dimension. Menschen erleben physische und psychische Auflösung, Isolation, Verlassensein, Ausgestoßensein, Schmerz, Verzweiflung, Scheitern; wir geraten in die Bannmeile des Todes. Alles, was bislang dem Leben Sinn gab, ist leer und nichtig geworden, hat sich als Illusion, als Irrtum erwiesen. Das Vertrauen in das Leben ist grundlegend erschüttert.

Die Wege in diese Erfahrung des Nichts sind verschieden:

- der plötzliche Verlust des Partners, mit dem man am Morgen noch gefrühstückt hat und der auf dem Weg zur Arbeit tödlich verunglückt,
- das Verstummen nebeneinander und Brüchigwerden der Beziehung an endlosen Abenden vor dem Fernsehapparat.

Trennungen und Verluste bringen Menschen in einen Zustand von Hilflosigkeit. Alle Lebenskräfte scheinen zu versiegen, das Weiterleben erscheint wie eine sinnlose Qual, eine Aneinanderreihung von leeren Tagen. Man balanciert am Rande eines riesigen schwarzen Lochs, droht abzustürzen, Gedanken an Selbstmord tauchen auf. Das Leben ringsum geht einfach weiter, die Betroffenen fühlen sich überflüssig, nutzlos, nicht lebensfähig. »Es ist alles aus. Nie mehr werde ich glücklich sein. Ich bin ein totaler Versager.« Manche Menschen können durch den Verlust des Lebensgefährten dauerhafte Beschädigungen erleiden. Die Situation des Verlassenseins kann das Ich-Gefühl des Betroffenen zunichte machen.

Menschen leiden unterschiedlich, auf vielfältige Weise. Die einen geraten in einen Zustand von Lethargie, Lustlosigkeit, Desinteresse bis zur Lähmung, andere erleben Ruhelosigkeit, gänzliche Unfähigkeit, sich auf etwas zu konzentrieren. Bei den einen äußert es sich in stundenlangem Umherirren durch Straßen oder in der Wohnung, bei anderen ist es hektische Überaktivität, um die innere Leere nicht zu spüren, Trubel, Betriebsamkeit, Sich-Betäuben mit Alkohol, Schlaf- und Beruhigungsmitteln, übermäßigem Essen, Nächte in Kneipen, neue Partner in raschem Wechsel, flüchtige Selbstbestätigungen der eigenen Attraktivität – nur nicht allein sein! Andere flüchten in sinnlose Einkäufe als Ersatzbefriedigung.

Manche Menschen delegieren die Hauptlast des Leidens an den Körper: Dieser reagiert mit Gewichts- und Appetitverlust oder umgekehrt mit unkontrollierbarer Esssucht; mit Schlafstörungen, Dauerkopfschmerz, Weinkrämpfen, Beklemmungsgefühlen in der Brust, Muskelverspannungen, Rückenschmerzen, Blutdruckveränderungen, Herzrasen, Schweißausbrüchen oder aber mit ständigem Frieren, Verdauungsstörungen, sexuellen Störungen, Impotenz. Je mehr die Gefühle unterdrückt werden, desto massiver sind unter Umständen die körperlichen Reaktionen.

Unser Leben ist ständig von Verlusten und Trennungen bestimmt: Lebenszeit ist unwiederbringlich verloren, Lebensphasen wie die Kindheit gehen zu Ende; wir verlieren Träume, Ideale, Lebensziele und Hoffnungen, Freundschaften und Geborgenheiten, Orte, an denen wir uns wohl und sicher gefühlt haben, Rollen und Aufgaben, die uns Identität gaben. Vor Verlusten können wir uns trotz aller Beteuerungen der Versicherungsgesellschaften nicht schützen und nicht gegen sie versichern. Alles im Leben ist potentiell von Verlust bedroht. Leben ist nur möglich als »abschiedliche Existenz«[27], wie der Philosoph Wilhelm Weischedel es formulierte.

Trennungen, Verluste und Ablösungen, wie z. B. die von den Eltern, sind immer Bestandteil des Lebens, und erst das Loslassen-Können alter, überholter und vergangener Lebenssituationen macht unser befristetes Leben möglich und sinnvoll. Verlusterfahrungen sind unvermeidbar. Nur dadurch, dass wir immer wieder etwas verlieren, verlassen und aufgeben, entwickeln wir uns weiter. Somit ist jede Trennungskrise auch zugleich ein möglicher Entwicklungs- und Reifungsschritt.

Von entscheidender Bedeutung sind dabei frühkindliche Liebes- und Trennungserfahrungen. Diese frühen Erfahrungen werden oft unbewusst auch in späteren Situationen mit Partnern wiederholt. Wir flechten in unsere gegenwärtigen Beziehungen immer wieder die Fäden der Vergangenheit ein, konstellieren die früheren Formen des Geliebt- und des Abgelehntwerdens erneut, wiederholen die Katastrophen der Vergangenheit im Versuch, diese nachträglich zu bewältigen, zum Abschluss zu bringen und zu verändern. Der Wiederholungszwang, wie Freud es nannte, ist somit immer auch eine Chance.

Scheidung, der eheliche Tod, bedeutet für manche Menschen einen ebensolchen Verlust wie der Tod eines Partners. Leid, Verzweiflung, Sehnsucht, Verleugnung und Schuldgefühle können ebenso groß, das Gefühl, im Stich gelassen worden zu sein, noch größer und bitterer sein, denn: »Er oder sie hat mich verlassen, er/sie hat es getan, hätte es aber nicht tun müssen!« Scheidung löst oft mehr Wut aus und ist unter Umständen schwieriger zu bewältigen, denn sie verlangt, um jemanden zu trauern, der nicht an sich, sondern nur für mich gestorben ist.

Wie jemand aus dem schwarzen Loch des Verlustes, der Trennungskrise herauskommt, hängt wesentlich ab von der Art des Trauerns, der zu leistenden Trauerarbeit. Trauer ist mit Abwehrvorgängen nicht zu vereinbaren. Diese haben den

Zweck, Realitätseinsicht und Schmerz zu vermeiden. Trauer dagegen führt hin zu Realitätsbewältigung und Akzeptanz der neuen Situation. 

### SCHEIDUNG UND DER SCHRITT INS LEBEN

Barbara S. und ihr Mann Anton hatten vor gut 20 Jahren in der damaligen DDR geheiratet. Nach der Wende zogen sie in eine kleine Stadt im Rheinland. Beiden gelang es, sich eine neue Existenz aufzubauen; vor einigen Jahren konnten sie ein älteres Haus kaufen und durch gemeinsame Anstrengungen und viel Arbeitseinsatz renovieren.

Anton baut eine kleine Reinigungsfirma auf. Da er zunehmend unter Rückenproblemen leidet, bekommt er vom Arzt Krankengymnastik verschrieben. Es entwickelt sich mit der Zeit eine außereheliche Beziehung zu seiner Physiotherapeutin. Als Barbara davon erfährt, ist sie so enttäuscht und verletzt, dass sie von ihrem Mann eine sofortige Entscheidung verlangt: sie oder ich. Ihr Mann zieht aus dem gemeinsamen Haus aus zu der neuen, jüngeren Freundin. Alle Versuche, miteinander zu reden, scheitern an ihrer beider Hilflosigkeit, die Entfremdung ihrer Ehe zu sehen und daran zu arbeiten. Anton reicht die Scheidung ein; beide haben nur noch Kontakt über ihre Anwälte.

Für Barbara ist die Trennung eine schwere Krise. Nie hatte sie damit gerechnet, einmal vor dem Scherbenhaufen ihrer Ehe zu stehen, ihren Ehemann, mit dem sie in dem gemeinsamen Haus alt werden wollte, zu verlieren.

Barbara reagiert mit heftigen Selbstzweifeln. Zwanghaft muss sie sich immer wieder mit der anderen Frau vergleichen. Alle Vergleiche fallen zu ihren Ungunsten aus. Ihr Selbstwertgefühl ist schwer beschädigt. Zugleich verlangt die neue Situation von ihr, nun eigenständige Entscheidungen zu treffen. Sie muss lernen, mit vielen Dingen, die ihr Mann bislang geregelt hatte, allein zurechtzukommen.

Die erste Phase der Trennung ist mit starken Ängsten (»Ich schaffe das alles nicht allein!«) und massiven Selbstzweifeln verbunden, aber auch mit einer ungeheuren Wut und Verletztheit. Wie konnte er nur das alte, gemeinsame Leben so einfach hinter sich lassen, sie so »wegwerfen«! Sie verliert immer mehr Boden unter den Füßen. In den ersten Wochen ist es ihr nicht möglich, ihren normalen Alltag zu leben. Ihr Arzt schreibt sie krank, behandelt sie mit Antidepressiva. Barbara weint viel, sieht schlecht aus, vernachlässigt sich. Infektionskrankheiten kommen hinzu. Sie verlässt ihr Haus nur noch zum Einkaufen. »Ich dachte, es sei für immer, es sei die große Liebe.« Dieser Satz kommt immer und immer weder.

Eine entscheidende Hilfe in dieser Zeit ist für Barbara die Freundschaft mit ihrer Nachbarin. Die beiden Frauen hatten sich langsam angefreundet. Die Nachbarin wird zur Krisenbegleiterin, die mit großer Geduld Barbara und ihr Schwanken zwischen Trauer, Verzweiflung und Wut aushält und Verständnis dafür hat, dass sie Zeit braucht, den Schock der Trennung zu verarbeiten und sich im Leben neu zu orientieren. Mit der Hilfe dieser Freundin beginnt Barbara langsam, ihr Leben selbst in die Hand zu nehmen.

Sie beginnt wieder als Altenpflegerin zu arbeiten, merkt, wie gut ihr die tägliche Routine tut. Zusammen mit der befreundeten Nachbarin unternimmt sie wieder etwas: Kinobesuche, Teilnahme an einem Gymnastikkurs. Barbara schafft den schwierigen Schritt in eine neue Lebensphase. Sie denkt nicht mehr nur an das gemeinsame Leben mit ihrem Mann zurück, trauert zwar noch immer um ihre zerbrochene Ehe, kommt aber langsam zur Erkenntnis, wie sehr sie sich in den vergangenen Jahren auseinandergelebt, alle Lebensenergie in den Hausbau gesteckt und ihre Beziehung vernachlässigt hatten. Langsam kann Barbara ihr neues, eigenständiges Leben wertschätzen, entwickelt neue Interessen.

Eine Trennung vollzieht sich häufig in vier Phasen: Zunächst gibt es einen Zustand des Schocks und der Panik – die Betroffenen können und wollen das Geschehene nicht wahrhaben. Es folgen zumeist hilflose Versuche, in den alten Zustand zurückzukehren, die Hoffnung, der Partner werde bald wieder da sein, wird festgehalten.

In der nächsten Phase wird die Tatsache der Trennung realisiert. Die Verlassenen geraten in ein Gefühlschaos; Schmerz, Angst, Zorn, Hass, Selbstzweifel, Verlassenheits- und Minderwertigkeitsgefühle, Rachegefühle und Hoffnung wechseln sich ab. Häufig treten auch körperliche Symptome auf. Es ist die schmerzvollste und schwierigste Zeit in einer Trennungskrise.

In der dritten Phase gibt es eine langsame Beruhigung des Gefühlschaos. Schmerz und Trauer sind weiterhin die Grundgefühle, aber es beginnt ein langsames Loslassen. Einsichten in den Prozess, der zur Trennung geführt hat, sind nun möglich, ebenso erste Schritte der Anpassung an die neue Lebenssituation. 

Erst in der vierten Phase ist die Person wieder in ihrem eigenen Leben angekommen, mit neuen Erfahrungen, einem neuen Selbstwertgefühl und der Bereitschaft, sich wieder auf das Leben einzulassen.

Dass das Verlassenwerden und Verarbeiten einer Trennung viel Zeit braucht, musste auch Michael, ein junger Student, erfahren.

### ENDE EINER ERSTEN LIEBE

Michael W. wird von seiner Freundin, beide sind im gleichen Semester, mit der Nachricht völlig überrascht, dass sie sich von ihm trennen möchte. Er ist sehr geschockt und will die Tatsache der Trennung einfach nicht wahrhaben.

Michael reagiert mit ziellosem Umherlaufen in der Wohnung, versucht, sich mit Aufräumaktivitäten abzulenken, dann greift er zur Betäubung zum Alkohol. Alkohol- und Drogenmissbrauch steigern sich in den nächsten Wochen, er durchlebt immer wieder abwechselnde Phasen der Apathie, Verzweiflung und Depressivität, dann wieder Wut, Feindseligkeit, Hass und Zorn, der sich auf die Ex-Freundin Andrea richtet. Zeiten von Appetitlosigkeit und starker Gewichtsabnahme wechseln mit Phasen von heftigen Fressattacken ab.

Sein soziales Umfeld, die Wohngemeinschaft und die Familie, reagiert erschrocken auf Michaels Kontrollverlust und ist tief besorgt. Er besucht seine Seminare und Vorlesungen an der Hochschule nicht mehr, weil er vermeiden will, Andrea dort zu treffen.

Es gibt eine kurze Affäre mit einer anderen Studentin, er nennt es später »ein bisschen Seelenbalsam«. Es bessert sein Selbstwertgefühl auf, aber Michael ist noch nicht in der Lage, sich wirklich wieder auf eine neue Beziehung einzulassen.

Die wichtigste Hilfe in dieser Zeit sind für Michael lange nächtliche Gespräche mit seinen Freunden. Sie helfen ihm, nicht mehr in die Betäubung und Ablenkung durch Drogen und Alkohol zu fliehen, sondern sich seiner Situation mit aller Wut und Trauer zu stellen, sich auf ein erneutes Single-Dasein einzustellen. Mithilfe seiner Freunde gelingt es Michael, sich langsam wieder an die Realitäten seines

Lebens anzupassen, sein Studium nach einem verlorenen Semester wieder aufzunehmen und sich auch aus seiner Hassbindung an die Ex-Freundin – in einem Wutanfall hatte er einmal alle Reifen ihres Autos zerstochen – zu lösen.

Nach Monaten ist er zwar immer noch sehr verletzlich und kann den Anblick von verliebten Pärchen kaum ertragen. Aber sein verlorenes Selbstwertgefühl stabilisiert sich langsam wieder, nachdem er es auch mit eigener Anstrengung geschafft hat, vom extremen Alkohol- und Drogenkonsum wieder wegzukommen.

Seine Trauer um die verlorene erste große Liebe kann er nur so in Worte fassen: »Ich glaube, ich werde nie wieder einen Menschen so nah an mich heranlassen.« Aber nach fast zwei Jahren melden sich auch bei Michael langsam wieder Wünsche nach einer neuen Beziehung. Michael sagt dazu: »Bislang war ich nicht dazu in der Lage. Ich will aber jetzt versuchen, es sich ganz langsam entwickeln zu lassen.«

Es braucht Mut und Ichstärke, sich aus einer langjährigen Beziehung zu lösen, nötig ist aber auch, unrealistische Ziele und Pläne aufzugeben. Sich von etwas oder jemandem zu trennen, bedeutet, Vertrautes und Gewohntes loszulassen und sich auf Neues, Unvertrautes einzulassen. Dies weckt Gefühle von Unsicherheit und Selbstzweifel. Man weiß nicht, ob man sich auf sich selbst verlassen kann. Loslassen-Können bedeutet auch, den Kampf um etwas, den man doch nicht gewinnen kann, aufzugeben.

Hinter der Angst vor Trennung und Loslassen steckt oft die nicht bewältigte Tatsache, dass das einzig Beständige im Leben Veränderungen sind. Immer wieder geht es im Leben darum, Altes, Überholtes loszulassen und einen Neubeginn zu wagen. Die Natur zeigt es uns: Altes loslassen, Raum für Neues schaffen.

### ALTES LOSLASSEN, RAUM FÜR NEUES SCHAFFEN

Im Frühjahr schaue ich immer ganz besonders achtsam auf die Buchenhecke des Nachbargrundstücks, wie sie im Spätfrühling noch immer die alten, längst abgestorbenen Blätter des letzten Jahres festhält. Ringsum grünt es, blühen Magnolienbäume, Forsythien, und natürlich hat auch die Buchenhecke schon junge, unsichtbare Knospen. Aber noch ist nichts zu sehen an ihr von Frühling und Neubeginn. Für mich wird die Hecke immer wieder zum Symbol, wie schwer es auch uns Menschen fällt, Altes loszulassen, auch wenn es längst vertrocknet, unlebendig, tot geworden ist. Aber jedes Jahr geschieht es: Irgendwann ist auch diese Buchenhecke wieder in frischem Grün belaubt, bereit für einen nächsten Frühling und Sommer.

»Winter ade, Scheiden tut weh, aber dein Scheiden macht, dass mir das Herze lacht…«, heißt es in einem alten Volkslied. Aber das lachende Herz ist eine Besonderheit beim lang ersehnten Abschied von Winter, Kälte und Dunkelheit. Abschiede stellen uns in ein anderes archetypisches Kräftefeld, sind mit Kummer, Schmerz, Verlustgefühl und Trauer verbunden. Abschied ist eine existentielle Grundsituation, berührt uns tief. Abschied und Neubeginn, so oft sie sich auch im Leben wiederholen, sind Übergänge, Schwellensituationen, die uns nicht leichtfallen.

Die Verabschiedung von Menschen aus dem Berufsleben, wenn sie das Pensionsalter erreichen, ist eine besondere Abschiedsschwelle. Für manche Menschen ist dies ein ersehntes Ende und ein willkommener Abschied, für andere ein gefürchteter Zeitpunkt, der lange geleugnet und in seiner Bedeutung heruntergespielt wird. Bekannt ist das Phänomen des frühen Pensionärstodes, wenn Menschen, vor allem Männer, nur wenige Monate nach dem Ende des Berufslebens einen plötzlichen Tod sterben. Wenn die Identität eines Menschen weitgehend auf seiner Persona – das, was er in seiner Berufsrolle war und verkörperte – beruhte, so bricht eine tragende Säule seiner Identität und Lebenskraft weg, zumal, wenn er sich nicht gut auf diesen Phasenwechsel vorbereitet hat.

Manche Abschiede können und müssen gut vorbereitet werden, was aber den Schmerz, der zum Abschied gehört, nicht nimmt. Der Dichter Rainer Maria Rilke hat diese Lebenserfahrung in seinem Gedicht *Abschied* wunderbar zum Ausdruck gebracht:

Wie hab ich das gefühlt was Abschied heißt.
Wie weiß ichs noch: ein dunkles unverwundnes
grausames Etwas, das ein Schönverbundnes
noch einmal zeigt und hinhält und zerreißt.
Wie war ich ohne Wehr, dem zuzuschauen [...].[28]

Bislang ging es um die Schwierigkeiten am Pol Abschied, Trennung und Verlust. Aber auch der Gegenpol, Neubeginn, ist nicht leicht zu bewältigen und stellt besondere Anforderungen. Hierzu ein Beispiel:

### DER RUHESTAND ALS KRISE

Marion U., Buchhalterin in einer Firma, in der sie mehr als zwei Jahrzehnte gearbeitet hatte, ruft mich ein halbes Jahr nach dem Ende ihrer Berufstätigkeit an. Sie hatte sich auf den Ruhestand gefreut, aber nun gehe es ihr schlecht.

Sie käme mit sich und ihrer vielen Zeit nicht zurecht. Auch mit ihrem Mann, der zwei Jahre vor ihr in Ruhestand gegangen sei, gäbe es vermehrt Spannungen, seit sie beide den ganzen Tag zu Hause sind. Aber vor allem käme sie mit sich selbst nicht mehr klar, nichts mache mehr Sinn.

Im weiteren Gespräch wird deutlich, dass Marion zwar von der langen Phase des Berufslebens Abschied genommen hat, aber noch nicht in der neuen Lebensphase als Rentnerin angekommen ist. Sie befindet sich in einem Zustand von Ungewissheit, Selbstzweifel und Angst vor dem Alter und hat für sich noch keine Möglichkeit für einen Neuanfang gefunden.

In weiteren Gesprächen gelingt es, Zugang zu lange verschütteten Lebenswünschen, die nun realisierbar wären, zu finden. Marion braucht vor allem Verständnis und Ermutigung, sich dem Leben neu zuzuwenden, Dinge auch ohne ihren Mann zu unternehmen, den kleinen Dingen Zeit und Aufmerksamkeit zu geben, ohne dies als »Beschäftigungstherapie für Rentner« abzuwerten.

Ein anstehender Phasenwechsel im Leben zeigt sich oft in Verstimmungen und einer wachsenden Unzufriedenheit bis hin zu depressiven Phasen. Dies hängt mit der wachsenden Einsicht zusammen, dass das Leben so nicht mehr einfach weitergeht, der Status quo sich nicht halten lässt. Zugleich wächst eine oft noch diffuse Sehnsucht nach Veränderung, die noch ziel- und planlos ist und identitätsverunsichernd wirkt.

Übergänge in neue Lebensphasen werden nicht nur als hoffnungsvoll und als neue Chance erlebt, sondern sind auch manchmal mit diffusen und nicht ganz bewussten Schwellenängsten, mit Angst vor Versagen und Missgeschick verbunden. Und mit etwas Neuem zu beginnen, bedeutet zumeist auch: Zuvor muss Gewohntes, Vertrautes, äußerlich und innerlich losgelassen werden.

Neuanfänge können durchaus verstörend und verwirrend sein. Ein zweiter oder sogar dritter Frühling kann mit seinem Aufbrechen neuer Gefühle Menschen, denen dies geschieht, tief verwirren. Gewohnheiten, Meinungen, Selbstbilder und Sicherheiten sind aufzugeben, wenn ein Neuanfang in Beziehungen gewagt werden soll. Nichts Neues wird mehr erwartet – und dann geschieht es doch.

Für manche Menschen wird die Krise einer lebensbedrohlichen Erkrankung, z. B. Krebs, zu einem Neuanfang. Sie erkennen unter Umständen, wie entfremdet von sich selbst sie gelebt haben, wie viel Selbstunterdrückung und Selbstvernachlässigung in ihrem Leben waren und ihr Leben bestimmt haben.

Ein Neuanfang setzt voraus, dass etwas Vorhergehendes an einem Punkt angekommen ist, an dem es nicht mehr weitergeht. Etwas hat sich überlebt, überholt und erzwingt eine Entscheidung. Im Wort Ent-Scheidung steckt »scheiden«, Abschied nehmen; es geht darum, sich von einer bisherigen Lebensweise abzuwenden und zugleich etwas Neuem zuzuwenden. Und vor einem Neubeginn gibt es nicht selten ein schwieriges Zwischenstadium von Nicht-mehr und Noch-nicht, wie am Beispiel von Marion zu sehen ist.

# *Kapitel 5: Reifungs- und Entwicklungskrisen*

Die Übergänge von der Kindheit in die Jugend, vom Jugendalter ins Erwachsenenalter, vom mittleren Erwachsenenalter in das höhere Lebensalter und vom Alter hin zum Tod sind mit spezifischen Entwicklungsaufgaben und Reifungsanforderungen verbunden. Diese Übergänge müssen nicht, können aber durchaus als Krise erlebt werden. Wir sind in den Übergangsphasen nicht mehr selbstverständlich identisch mit uns, werden fragwürdig für uns selbst. Es steht etwas Neues an und will ins Leben, doch wir können ihm noch nicht entsprechen.

## DIE ADOLESZENZ

Alle Menschen durchleben beim Übergang ins Erwachsenenalter die Adoleszenz. Für manche ist es eine sehr krisenhafte Zeit. Sie stellt die Jugendlichen vor eine Reihe von Entwicklungsaufgaben, die mit der Suche nach einer eigenen Identität einhergehen.

Die Heranwachsenden müssen die körperlichen Veränderungen akzeptieren lernen und sich mit ihrem Erscheinungsbild und dessen möglicher Diskrepanz zu ihrem Idealbild von sich auseinandersetzen.

In der Adoleszenz geht es vor allem auch um den Erwerb der weiblichen bzw. männlichen Rollen. Angesichts rapider Veränderungen in den Geschlechterverhältnissen müssen Jugendliche eigene Lösungen für die Ausgestaltung der Geschlechterrolle finden und neue und andere Beziehungsformen zu Gleichaltrigen und Erwachsenen ausbilden. Insbesondere die Beziehungen innerhalb der Peergroup sind unter dem Aspekt der Identitätsbestätigung von besonderer Bedeutung.

Ein wichtiger Schritt ist auch, emotionale Unabhängigkeit von den Eltern und anderen Erwachsenen zu gewinnen. Die Gefühlsbindungen an die Eltern lockern sich, wobei die Ambivalenz besteht, einerseits noch abhängig zu sein und andererseits sich schon erwachsen zu fühlen.

Es geht dann für die Jugendlichen darum, eine berufliche Zukunftsperspektive zu entwickeln. Angesichts einer Gesellschaft, die selbst in einer krisenhaften Umgestaltung vieler Arbeits- und Wirtschaftsbereiche steckt und den Heranwachsenden keine Zukunftssicherheit zu bieten vermag, ist der Erwartungshorizont heutiger Jugendlicher stark eingeschränkt.

All diese genannten Entwicklungsaufgaben stellen sich nicht in einem zeitlichen Nacheinander, sondern sind oft gleichzeitig zu bewältigen. Natürlich sind wir Menschen lebenslang mit Fragen der eigenen Identität beschäftigt. Wir versuchen, ein kohärentes, stabiles Selbstwertgefühl zu entwickeln und in all den Veränderungen durch die verschiedenen Lebensphasen hindurch eine Kontinuität im Selbstgefühl zu halten. Dennoch ist die Adoleszenz als eine besonders große Umbruchsphase zu betrachten, die mit besonders großen Herausforderungen einhergeht.

### DIE ABLÖSUNG VOM ELTERNHAUS

Eine der wichtigsten Entwicklungs- und Reifungsaufgaben des frühen Erwachsenenalters ist die Ablösung vom Elternhaus, die mit dem Einstieg in den Beruf oder mit der Aufnahme eines Studiums in einer fremden Stadt zusammenfällt. Dieser Lebensübergang ist ein wichtiger Meilenstein in der Identitätsentwicklung.

Der Auszug aus dem Elternhaus, die Herausforderung, jetzt auf eigenen Füßen zu stehen, verlangt ein hohes Maß an Neuorganisation des Alltags. Es geht darum, sich selbstständig zu versorgen, eine Wohnung oder ein Zimmer zu finden und sich einzurichten, sich in einer neuen Stadt zurechtzufinden, Verwaltungsangelegenheiten und Behördengänge zu erledigen, und nicht zuletzt, darum, sich aktiv um neue Kontakte und Anschluss an Gleichaltrige zu bemühen. Das ungewohnte Alleinsein und die Vielfalt neuer Anforderungen führen gerade bei Erstsemestern und jungen Auszubildenden nicht selten zu Überforderungskrisen und starken Selbstzweifeln, die sich zu einer Identitätskrise ausweiten können.

Das Fallbeispiel von Lisa beschreibt eine solche krisenhafte Ablösung vom Elternhaus beim Übergang ins frühe Erwachsenenalter.

### DIE ERSTE EIGENE WOHNUNG

Lisa W. hat das Gymnasium nach der 12. Klasse mit dem Fachabitur verlassen und sich eine Ausbildungsstelle in einer Stadt gesucht, die

160 km von ihrem bisherigen Wohnort und ihrem Elternhaus entfernt lag. Mit 18 Jahren, voller Zuversicht, schreibt sie in ihr Tagebuch: »Jetzt fängt das richtige Leben an.«

Nach dem Umzug in die erste kleine eigene Wohnung beginnt sie ihre Ausbildung zur Arzthelferin. Die neue Wohnung ist zu weit entfernt vom vorherigen Ort, der Kontakt zu den bisherigen Freunden bricht ab. Lisa hat Mühe, sich in der neuen Berufsschulklasse zurechtzufinden, sie tut sich auch mit den neuen Arbeitskolleginnen schwer, und der Verlust der Geborgenheit des Elternhauses macht ihr sehr zu schaffen. Selbstständig aufzustehen, die neuen Anforderungen am Arbeitsplatz zu bewältigen, für sich selbst einzukaufen, zu kochen, die Wohnung in Ordnung zu halten, für die Schule zu lernen, das alles wird ihr zu viel, und sie hat das Gefühl, überhaupt keine Zeit mehr zu haben. Finanziell kommt sie nicht gut zurecht, obwohl die Eltern ihr zu ihrer Ausbildungsvergütung monatlich eine kleine Summe dazugeben.

Die Trennung vom Elternhaus, der Einzug in die eigene Wohnung, das ungewohnte Alleinsein und der Beginn der Ausbildung führen zu einer Situation von Einsamkeit und Überforderung. Die Kolleginnen, die sie ausbilden sollen – ein langjähriges aufeinander eingespieltes Praxisteam –, machen ihr das Leben schwer. Vor der anstehenden Zwischenprüfung kommt es zu einem Zusammenbruch mit langen Weinkrämpfen. Sie will alles abbrechen, wieder zurück ins Elternhaus flüchten.

Lisa wird klar, dass sie aus ihren Problemen nicht ohne professionelle Hilfe herauskommen kann. Auf Anraten der Eltern sucht sie sich eine Psychotherapeutin, die ihr hilft, ihr seelisches Gleichgewicht wiederzufinden, ihre Ansprüche, mit all den neuen Anforderungen »perfekt« zurechtkommen zu müssen, herunterzuschrauben und sich selbst ihre Schwierigkeiten und Schwächen einzugestehen.

Lisa lernt, sich ihre widersprüchlichen Tendenzen bewusst zu machen: die des Kindes, das sich überfordert fühlt, und die der jungen Erwachsenen, die alles perfekt und mit Bravour schaffen will. Mit therapeutischer Unterstützung schafft Lisa es, ihren Tagesablauf so zu regeln, dass neben allen Anforderungen auch noch Zeit zum Erholen bleibt. Es gelingt, die Angst vor dem Versagen zu mildern und Schritt für Schritt wieder Zutrauen in ihre eigenen Fähigkeiten zu bekommen. Monate später, nachdem sie ihre Zwischenprüfung geschafft hat, schreibt sie in ihr Tagebuch: »Ich habe mich jetzt damit angefreundet, dass ich erwachsen bin und kein Kind mehr sein kann. Die Uhr lässt sich eben nicht zurückdrehen, und genauso wenig kann ich wieder in mein altes Kindsein abtauchen. Aber das will ich zum Glück auch gar nicht mehr. Erwachsensein ist zwar schwer, aber es heißt ja auch nicht, dass ich alles sofort können muss… Ich habe jetzt viel mehr Halt in mir selbst und bekomme nicht mehr so schnell Angst. Ich traue mir viel mehr zu.«

Lisas Beispiel macht deutlich: Manche junge Menschen kommen mit den Entwicklungsaufgaben im Übergang in das selbstständige Erwachsenenleben nicht allein zurecht. Sie brauchen als Krisenhilfe eine Wegbegleitung der »Nachbemutterung«, um ihre Identität zu festigen, ein Selbstbewusstsein zu entwickeln und dem Leben gewachsen zu sein.

### DAS ALTER ALS KRISE

Für heutige Menschen zeigt sich das Alter in einer Vielzahl sehr unterschiedlicher Gesichter: Da sind die lächelnden Gesichter der sogenannten Silver-agers, der Generation 60-plus, die ihre Lebenszeit und die mit ihr einhergehenden Freiheiten genießt und auskostet; da sind die ängstlichen und wie erloschenen Gesichter der alten Menschen in Pflegeheimen, die an Demenz oder Alzheimer leiden; da gibt es das melancholische Gesicht des Alters, das sich um Haltung und Fassung bemüht und die Einschränkungen und Kümmernisse des Alters hinter einer selbstironischen Haltung zu verbergen weiß; und da sind auch die Gesichter von Frauen, die im aussichtslosen Anti-Aging-Kampf gegen Falten und alle Alterszeichen Botox und andere Waffen der Pharmaindustrie und Schönheitschirurgie zu Hilfe nehmen.

Alter ist heutzutage nicht per se mit Einschränkungen, Krankheit und Hilfs- und Pflegebedürftigkeit verbunden. Die Ergebnisse verschiedener neuerer Altersstudien zeigen, dass, von Ausnahmen abgesehen, die Jahre von 60 bis 80 für viele Menschen angenehme Lebensjahre mit viel Lebensqualität sind. Erhebliche Einschränkungen und Schwierigkeiten und vor allem Krankheiten melden sich zunehmend jenseits der 85, im sogenannten vierten Alter.

Entsprechend gibt es das Wunschbild der bewusst gestalteten neuen Lebensphase, der gern gelebten, genossenen Zeit. Als Vorzüge des Alters werden benannt:

- das Alter als eine Zeit neu gewonnener Freiheit,
- als eine Zeit der Zufriedenheit,
- als Befreiung von Zwängen,
- als größere Gelassenheit, Lebenserfahrung und Weisheit,
- als Zeit der Reifung und Vorbereitung auf das Sterben.

Für viele Menschen wird jedoch die Lebensphase jenseits der Sechzig nicht mit Spannung erwartet, sondern sie ist – entsprechend dem kulturell vermittelten Altersstereotyp – eine gefürchtete Lebenszeit. Altsein bedeutet für sie:

- Verlust von Vitalität und Potenz, Abbau der Persönlichkeit,
- Beschämung und Hässlichkeit, soziale Ausgrenzung, Diskriminierung, Unsichtbar-gemacht-Werden,
- Not, Armut und Verwahrlosung, Verfall durch Demenz, Alzheimer und Krankheiten.

Das Alter wird dann zu einer Zeit des Abbaus, des Verlustes an Attraktivität, Gesundheit und geistigen Fähigkeiten, die mit Schrecken erwartet wird. Das zeigt sich auch in der hohen Zahl der Suizide und Suizidversuche älterer Menschen.

Die dritte Lebensphase des Alters beginnt für viele Menschen mit der Pensionierung. Der Übergang in den sogenannten Ruhestand ist für manche Menschen etwas positiv Erwartetes und Entlastendes, häufig durch Altersteilzeit vorbereitet. Er kann aber auch zum krisenhaften Ereignis werden, wenn die Basis der Identität vor allem die Berufsrolle, der Status, die berufliche Anerkennung und ein vorwiegend beruflich orientiertes soziales Netz waren. Für manche Menschen bricht mit dem Ausstieg aus dem Berufsleben die Basis eines sinnerfüllten Lebens und der sozialen Identität weg, vor allem, wenn der Übergang nicht sorgsam und langfristig vorbereitet wurde. Sie fallen in ein Loch tödlicher Langeweile.

Der Eintritt in den Ruhestand hat auch spezifische Auswirkungen auf das Zusammenleben von Ehepaaren. Die Scheidungsrate älterer Paare hat sich in den letzten 30 bis 40 Jahren verdoppelt; die nachelterliche Gefährtenschaft muss nach neuen Regeln entwickelt werden – für manche Paare eine schwierige Herausforderung!

Auch die geschlechtsspezifischen Unterschiede in den Lebensverhältnissen und im Umgang mit dem Alter sind zu beachten. Die Daten des statistischen Bundesamtes belegen: Im Rentenalter leben Männer noch überwiegend in einer Partnerschaft, mit zunehmendem Alter steigt die Zahl der verwitweten und allein lebenden Frauen sehr viel stärker an. Sie sind im Alter finanziell sehr viel schlechter gestellt und leiden stärker unter gravierender Altersarmut. Positiv zu verzeichnen ist, dass die meisten Frauen sehr stabile und große soziale Vernetzungen aufgebaut haben. Die fehlen oft den älteren Männern, sobald die Berufskontakte wegfallen.[29] Gerade sie sind daher besonders gefährdet, in suizidale Alterskrisen zu geraten.

Der Übergang von der Phase des Erwachsenenalters zum Alter ist eine Umbruchsphase, die besondere Anforderungen stellt, wobei Übergänge in neue Lebensphasen grundsätzlich nicht leicht sind. Verena Kast sagt dazu: Alle Lebensübergänge sind Phasen besonderer Labilität. »Sie sind mit Angst, Spannung und Selbstzweifeln verbunden. Konflikte, die habituell zu unserem Leben gehören, Schwierigkeiten, die wir schon immer hatten, werden reaktiviert [...]. Es ist eine Phase, in der man verwundbar ist, die in sich aber die Chance birgt, alte Probleme noch einmal zu bearbeiten, sich noch einmal neu mit sich selbst und seinem Gewordensein auseinanderzusetzen.«[30] Das zeigt auch das folgende Fallbeispiel.

### ALTER UND HILFSBEDÜRFTIGKEIT

Antonia P. ist eine 64-jährige geschiedene Sozialarbeiterin. Sie hat drei Kinder und drei Enkelkinder, die jedoch alle weit entfernt leben. Während eines Urlaubs im Schwarzwald stürzt sie unglücklich. Beim Versuch, sich abzufangen, bricht sie sich Handgelenke und Unterarme, beide Arme müssen in geschlossene Gipsverbände gelegt werden. Gewohnt, ihr Leben in großer Selbstständigkeit zu führen, verliert sie ganz plötzlich ihre gewohnte Handlungsfähigkeit, ist auf Betreuung und Pflege angewiesen, wird abhängig.

Bislang hatte sie im beruflichen und auch im privaten Bereich vor allem die Rolle der Helfenden, nun wird sie selbst zur Hilfsbedürftigen – ein Rollenwechsel, der ihr außerordentlich schwerfällt. Besonders belastend ist für sie, dass ihre Hilfsbedürftigkeit auch mit einem Verlust der Intimsphäre verbunden ist: Bei allen Toilettengängen ist sie auf Hilfe angewiesen.

Der Sturz und seine Folgen bedeuten für sie einen großen Kontrollverlust. Ihr Selbstbild gerät in eine Krise. Sie ist konfrontiert mit dem Thema Alter und der sie enorm ängstigenden Vorstellung, im Alter in einen Zustand der Abhängigkeit und Hilfsbedürftigkeit zu geraten. Die Erfahrung »Ich kann ja nichts mehr allein« deprimiert sie zutiefst. Sie fühlt sich ihren Pflegerinnen gänzlich ausgeliefert, und es tauchen Kindheitserinnerungen auf, wie sie auch als Kind wehrlos gegenüber den Eltern gewesen war.

Antonia wird übellaunig, unleidlich, aufbrausend und macht es den Menschen, die sie pflegen, außerordentlich schwer. Nichts ist ihr recht zu machen. Die Angst vor Langzeitschäden (»Und wenn jetzt meine Hände gar nicht mehr richtig ausheilen?«) quält sie besonders. Ein verständnisvolles, sehr zugewandtes Eingehen einer Pflegerin auf ihre Ängste und ihre eigene, sehr reflektierte Auseinandersetzung mit sich selbst helfen Antonia aus der Zuspitzung der Krise heraus.

Sie nennt es »Einsichten«, die ihr helfen, die ungewohnte Rolle der Hilfsbedürftigen anzunehmen, kritisch zu überprüfen, ob ihr bisheriger Lebensstil mit ihrem Alter zusammenpasst. Das muss sie für sich verneinen. Sie nimmt Kurskorrekturen vor, um in ein besseres Gleichgewicht von Arbeit und Anstrengung auf der einen und Freizeit und Entspannung auf der anderen Seite zu kommen.

»Einsicht« ist für sie jetzt auch, das Alter unter der Perspektive von Hilfs- und Versorgungsnotwendigkeiten zu bedenken, die auch auf sie zukommen können. Ihr Leitmotiv in der Einsichtsphase nennt sie: »Neuem, Ungewohntem Raum geben.« Auch ihre jetzige Wohnsituation, allein zu leben, wird ihr zunehmend fragwürdig, und sie beginnt, über Alternativen nachzudenken.

Nachdem die Arme vom Gips befreit sind, benötigt Antonia noch eine Weile Hilfe im Alltag. Sie hat gelernt, Hilfe und Unterstützung in Anspruch zu nehmen, ohne sich von der alten Angst, wehrlos zu sein und fremdbestimmt zu werden, überwältigen zu lassen. Sie ist nun in der Lage, sich helfen zu lassen und gleichzeitig innerlich gut abgegrenzt zu sein.

Für die Vorbereitung auf das Alter ist es wichtig, eine Einstellung zum eigenen Altern zu finden, die sowohl die Lebenschancen des Reifens als auch die schwierigen und traurigen Seiten dieser Lebensphase betrachten und zulassen kann. So entsteht vielleicht Altersweisheit. Genaue Kenntnisse, was Altern für heutige Menschen bedeutet, können dabei helfen, eine realistische und nicht von Altersverleugnung oder Altersphobie bestimmte persönliche Form der Lebensgestaltung zu finden.

# Kapitel 6: Krisen in der Partnerschaft

Die meisten Menschen benötigen für ihr Lebensglück eine gelungene Partnerschaft. Zu unserer Verwirklichung brauchen wir ein Du, brauchen wir Liebe und Geborgenheit in verlässlichen Beziehungen. Beziehungen sind eine zentrale Basis für die Identitätsbestätigung und das Selbstwertgefühl. 90 Prozent der Bevölkerung heiraten mindestens einmal im Leben. Auch für die heutigen Jugendlichen sind Partnerschaft, Liebesbeziehung und Familiengründung wichtige Lebensziele.

Liebe, Vertrautheit, Zugehörigkeit, Intimität, Leidenschaft und sexuelle Erfüllung sind die zentralen Hoffnungen und Erwartungen vor allem in der Anfangsphase einer Beziehung. Im Hintergrund steht oft das Idealbild der romantischen Liebe. Doch wie geht es weiter? In den Großstädten Europas zerbricht bereits die Hälfte aller ehelichen Lebensgemeinschaften. In Deutschland gibt es jährlich etwa 200 000 Ehescheidungen.

Nach Untersuchungen von Guy Bodenmann und Annette Cina[31] sind 25 Prozent aller Paare innerlich voneinander distanziert, unzufrieden mit ihrer Beziehung oder leben in einer zerrütteten Partnerschaft. In den mittleren Jahrgängen erhöht sich der Anteil auf 40 bis 50 Prozent. In Europa wird jede dritte Ehe geschieden, ein Drittel der Ehen bleibt zwar stabil, verläuft aber nicht unbedingt zufriedenstellend für die Beteiligten.

Infolge der gestiegenen durchschnittlichen Lebenserwartung haben Paare noch nie so lange zusammengelebt wie in unserer Zeit. Umso wichtiger ist es, die Kunst des Zusammenlebens zu lernen und in der Beziehung krisenkompetent zu werden. Auch eine Paarbeziehung muss sich, wie jeder Einzelne, weiterentwickeln, durchläuft Höhen und Tiefen und kann dabei reifen, wenn Krisen erfolgreich gemeistert werden. Beziehungskrisen sind Wachstumskrisen.

Wenn Partnerschaften in eine Krise geraten und zerbrechen, leiden die Beteiligten erheblich. Auch die Zeit vor der Entscheidung zu einer Trennung wird als qualvoll erlebt. Sich in Krisensituationen rechtzeitig Hilfe in Form einer Paarberatung zu holen, kann eine entscheidende Hilfe für den Fortbestand der Beziehung sein.

Was sind Warnzeichen für eine sich anbahnende Krise?

- Das Fehlen von wechselseitiger Anerkennung und Lob,
- nachlassender Respekt voreinander,
- fehlende oder misslingende Kommunikation,
- häufiger Streit,
- negative Gefühle,
- fehlende gegenseitige Unterstützung,
- Gefühle von Alleinsein trotz Partnerschaft,
- destruktive Kritik und nörgelnde Unzufriedenheit,
- angedrohte und ausgeübte Gewalt.

Besonders belastend für Paarbeziehungen ist ein hohes Maß an Alltagsstress, der durch die Organisation von Haushalt und Kindererziehung verursacht wird oder aufgrund von fehlenden finanziellen Mitteln und beruflichen Sorgen entsteht. Das Trennungs- und Scheidungsrisiko ist erheblich gesteigert, wenn es nicht gelingt, genügend Ausgleich und Entspannung zu finden, wenn es kaum noch gemeinsam verbrachte befriedigende Zeit gibt und eine Entfremdung voneinander sich einschleicht. Unter Stressbedingungen leidet auch die Qualität der Interaktion und Kommunikation. Man geht weniger liebevoll miteinander um; Ärger, Ungeduld, Missverständnisse häufen sich, es fehlt die wechselseitige Unterstützung und Bestätigung.

Damit die Entwicklung nicht einen negativen krisenhaften Verlauf nimmt, müssen Paare immer wieder der Beziehungspflege Priorität einräumen, sich Zeit für Streit zu nehmen, um wieder zu einem »Wir-Gefühl« zurückzufinden.

Konflikte lassen sich in einer Beziehung nicht vermeiden. Doch auch Konflikte können Chancen sein, bei einer gelungenen Konfliktlösung die Verhältnisse zu klären und zu verbessern. Und wenn man es nicht alleine schafft, ist es wichtig, mutig genug zu sein, sich Hilfe zu holen.

### ALS PAAR DEN NEUANFANG WAGEN

Ludwig M. ist 48 Jahre alt, Sportlehrer und arbeitet seit fünf Jahren in einem großen Fitness- und Gesundheitscenter. Er wurde vor sechs Jahren geschieden und lebt seit fünf Jahren mit seiner jetzigen Partnerin Carolin zusammen, die 19 Jahre jünger ist als er. Sie haben sich im Fitnesscenter kennengelernt, wo sie ebenfalls als Trainerin arbeitet. Das Paar hat ein dreijähriges Kind.

In letzter Zeit gibt es vermehrt Spannungen und Auseinandersetzungen. Carolin nennt als Grund seine ständige Eifersucht, vor allem, wenn sie mit Männern trainiere.

Sie überlegt, eigene Wege zu gehen und sich um einen Job in einem anderen Fitnesscenter zu bewerben. Seit sie ihm dies mitgeteilt hat, hat sich Ludwigs Eifersucht noch weiter gesteigert. Als sie zu einem Vorstellungsgespräch fahren will, nimmt er ihr die Autoschlüssel zu ihrem Wagen weg, um sie gewaltsam daran zu hindern. Seine Angst, so kann er später zugeben, ist, dass sie dann bald einen anderen Mann kennenlernt und ihn verlassen wird.

Auf Anraten und Vermittlung der Schwägerin, mit der sich beide gut verstehen, sucht das Paar eine Beratungsstelle für Ehe-, Familien- und Lebensfragen auf. In den ersten Gesprächen wird bald deutlich, wie groß das Ausmaß an Entfremdung zwischen ihnen geworden ist. Carolin, genervt von seiner ständigen Eifersucht und seinen Versuchen, sie zu kontrollieren, ist emotional auf dem Rückzug. Sie hat zwar keine konkreten Absichten, ihn zu verlassen, ist aber von dem Zusammenleben mit Ludwig tief enttäuscht.

Mithilfe der Paarberatung schaffen sie es, ihre Partnerschaft auf den Prüfstand zu stellen. Ludwig ist in der Lage, über die hinter der Eifersucht stehenden Ängste, Carolin zu verlieren, zu sprechen und auch darüber, dass die Altersdiskrepanz zwischen ihnen und sein spürbares Älterwerden für ihn ein bedrohliches Thema sind, das seine Unsicherheit in der Beziehung verstärkt.

Das Paar lernt, offener und ehrlicher miteinander zu sprechen. Regeln für die Kommunikation in Streitgesprächen werden eingeübt. Wechselseitige Enttäuschungen und Kränkungen können jetzt angesprochen und verziehen werden. Ludwig muss lernen, dass er seine Partnerin nicht ängstlich kontrollierend festhalten kann und dass ihre Beziehung nur eine Chance hat, wenn er ihr vertraut. Carolin muss lernen, Verständnis für Ludwigs Ängste zu haben. Beide müssen lernen, das Anderssein des anderen mit Respekt zu akzeptieren.

Am Ende des Beratungsprozesses von drei Monaten haben beide die Hoffnung, sich wieder nähergekommen zu sein und einen neuen Anfang miteinander wagen zu können.

Partnerschaft und Ehe sind wunderbare Lernorte, um zu begreifen, dass wir in einer Realität leben, die Sehnsüchte und Wünsche unerfüllt lässt, dass der andere anders ist, als ich es mir vorgestellt habe, dass ich selbst und die Menschen, die ich liebe, unvollkommen sind und wir alle uns schwertun, »die Kunst des Liebens« (Erich Fromm) zu lernen. »Was ist denn Liebe anders als verstehen und sich darüber freuen, dass ein Andrer in andrer und entgegengesetzter Weise, als wir, lebt, wirkt und empfindet? Damit die Liebe die Gegensätze durch Freude überbrücke, darf sie dieselben nicht aufheben, nicht leugnen.«[32] (Friedrich Nietzsche)

## *Kapitel 7: Krisen bei lebensbedrohlichen Erkrankungen*[33]

Jährlich erkranken etwa 50 000 Frauen in Deutschland neu an Brustkrebs. Etwa 19 000 sterben jedes Jahr an den Folgen der Erkrankung. Brustkrebs ist die häufigste Krebserkrankung bei Frauen; insgesamt ist Krebs die zweihäufigste Todesursache nach den Herzkreislauferkrankungen. Am Beispiel von Brustkrebs möchte ich im Folgenden die Krise bei lebensbedrohlichen Erkrankungen darstellen.

»Krebs!!« – Kaum eine andere Krankheit ruft allein durch ihre Benennung ein solches Ausmaß an Erschrecken, Angst und Abwehr hervor, löst Schock, Panik und ein Nicht-wahrhaben-Wollen aus: »Das muss ein Irrtum sein, im Labor haben sie etwas vertauscht.« Für viele Betroffene wirkt es wie ein Todesurteil, das nun über sie verhängt ist. Manche Frauen reagieren scheinbar ganz »cool« und vernünftig, die emotionalen Reaktionen sind jedoch abgespalten.

Oft wird die Diagnose wie ein Überfall erlebt. Angst, Hilflosigkeit, Orientierungsverlust kennzeichnen die Situation. Häufig wird zu schnellen medizinischen Maßnahmen gedrängt, die eine Frau mit der Diagnose Brustkrebs häufig geschehen lässt, da sie im Zustand des Schocks nur geringe Entscheidungs- und Einflussmöglichkeiten wahrnehmen kann und sich deshalb dem Medizinsystem überlässt.

Menschen mit Krebserkrankungen fragen sich oft, was sie denn in ihrem bisherigen Leben falsch gemacht haben, das mit der Krankheit in Zusammenhang stehen könnte. Die Kränkung, von der Krankheit Krebs betroffen zu sein, braucht zunächst heilsame Zuwendung. Warum-Fragen und ein verbreitetes oberflächliches Psychologisieren (»Krebs – das hat doch mit unterdrückten Gefühlen, Aggressionshemmung, einer lieblosen Kindheit usw. zu tun …«) sind nicht hilfreich. Die Betroffenen bedürfen zunächst einfach der Aufklärung.

Krebserkrankungen sind nach unserem heutigen Wissen multifaktoriell. Genetische, physiologische, umweltbedingte und psychische Einflussfaktoren sind von Bedeutung und in ihrer jeweiligen Gewichtung schwer einzuschätzen. Krankheiten sind einfach ein Teil des Lebens, sie gehören zu den schicksalhaften Faktoren der menschlichen Existenz. Wir können ihnen gleichwohl einen Sinn und eine Bedeutung für das Leben geben, können versuchen, das Leben mit Krankheiten so zu gestalten, das auch darin das Leben bejaht werden kann.[34]

### BRUSTKREBS

Genau an ihrem 40. Geburtstag entdeckt Frau Z. in ihrer Brust einen Knoten. Sie ist etwas beunruhigt, hofft, es seien lediglich Unregelmäßigkeiten im Drüsengewebe der Brust, geht aber am übernächsten Tag zu ihrer Gynäkologin, die sie weiterverweist an das örtliche Brustzentrum. Es wird eine Gewebeprobe entnommen, das Ergebnis ist die Diagnose: ein bösartiger Tumor. Man rät ihr zu einer schnellen Operation.

Frau Z. und die ganze Familie reagieren geschockt. Von einem auf den anderen Tag ist das Leben verändert, verliert alles seine normale Bedeutung. Entscheidungen müssen getroffen werden: Wo soll Frau Z. sich operieren und behandeln lassen? Soll noch eine weitere ärztliche Meinung eingeholt werden? Die Gynäkologin ist hier die erste Krisenhelferin, die die Familie bei den nächsten notwendigen Schritten unterstützt.

Wegen der komplizierten Lage des Tumors raten die Ärzte zu einer Amputation der betroffenen Brust – für Frau Z. ein weiterer Schock. Sie ist fassungslos, wird vor Entsetzen fast stumm. Wie willenlos unterschreibt sie die notwendige Einwilligungserklärung zur Operation. Sie ist kaum in der Lage, wirklich Entscheidungen zu treffen. In dieser Situation wird ihre 19-jährige Tochter Britta zur entscheidenden Krisenhilfe.

Britta kann sich etwas schneller von dem Schock der Diagnose erholen. Sie fragt bei ihrer Psychologieprofessorin um Rat, unterbricht ihr Studium und fährt nach Hause, um ihrer Mutter beizustehen. Sie findet – fast stellvertretend für die Mutter – die Kraft zum Kämpfen, übernimmt den Kontakt zu den Ärzten, ist in den folgenden Tagen viel am Krankenbett der Mutter, hält sie in den Armen, wenn sie von Angst und Verzweiflung geschüttelt wird, viele Stunden nur weinen und schluchzen kann. Immer wieder wiederholt die Tochter: »Wir stehen das durch, Mama, du schaffst das!« Britta hilft es in dieser Zeit, für sich ein Tagebuch zu führen.

Die anschließende Chemotherapie dauert fast drei Monate. Wie für viele betroffene Frauen ist auch für Frau Z. der Verlust der Haare ein weiteres traumatisches Erlebnis. Die Perücke hilft nur wenig. Sie fühlt sich entstellt, zieht sich weitgehend aus ihrem bisherigen Leben zurück, vermeidet, so gut sie kann, den Blick auf die Narbe an ihrer Brust, die niemand sehen darf, auch Ehemann und Tochter nicht. Voller Scham schließt sie sich im Badezimmer ein.

So sehr Britta sich auch bemüht, den Lebensmut der Mutter zu stärken und die Angst der übrigen Familienmitglieder mit auszuhalten – Frau Z. bleibt in einem Zustand depressiven Rückzugs, voll Trauer über die »Verstümmelung« ihrer Brust, den kahlen Kopf, auf dem langsam schon wieder Haare wachsen.

Britta überredet die Mutter, Kontakt zu einer Beratungsstelle für brustkrebserkrankte Frauen und einer dort angeschlossenen Selbsthilfegruppe aufzunehmen. Dies ist für Frau Z. eine entscheidende Unterstützung. Die Gruppe hilft ihr aus der Isolation heraus. Hier trifft sie Frauen mit ähnlichem Schicksal, erfährt, wie andere Frauen mit der Situation umgegangen sind; hier wird ihr Lebenswille durch das Beispiel der anderen Frauen wieder geweckt und gestärkt; hier lernt sie auch einen selbstbewussten Umgang mit der Erkrankung: Ein wichtiger Schritt ist, als Frau Z. sich ihrer Tochter mit der Narbe zeigen kann. Die regelmäßigen Gruppentreffen geben ihr Halt. Britta und die ganze Familie können sehen, wie gut die Gruppe ihr tut.

Noch ist Frau Z. in einer Phase der Trauer und der Auseinandersetzung mit der Erkrankung, aber sie ist, wie sie sagt, auf der Suche und dabei, sich selbst wiederzufinden. Zu diesem Zeitpunkt kann sie auch ihre Tochter ermutigen, ihr Studium am weit entfernten Studienort wiederaufzunehmen. Die ganze Familie kann nach schwierigen Wochen und Monaten wieder zum normalen Leben zurückkehren, wenngleich alle lernen müssen, mit Hoffnung und Ungewissheit zu leben.

### DAS KRISENERLEBEN BEI KREBS

Ein plötzlich eintretendes existentielles Ereignis wie eine Krebserkrankung bedroht die Identität, das Leben und die Sicherheit eines Betroffenen; es kommt zu einer traumatischen Krise. Häufig kommt die lebensbedrohliche Diagnose überraschend. Ein Mensch, der sich bislang gesund fühlte und mitten im Leben steht, wird so von einem Augenblick auf den nächsten zu einem Schwerkranken.

Die unter Zeitdruck notwendigen Operationen und Folgetherapien wie Bestrahlung und Chemotherapie dämpfen oft nicht die Gefühle von Lebensbedrohung, Angst und Ohnmacht, sondern verstärken sie noch. Auch die geringen Entscheidungs- und Einflussmöglichkeiten steigern das Gefühl des Ausgeliefertseins. Da die vielen bedrohlichen Informationen und Reize nicht adäquat verarbeitet und gespeichert werden können, entstehen unter Umständen auch sogenannte Posttraumatische Belastungsstörungen. Auch der Verlust der Gesundheit oder eventuell eines Körperorgans durch Amputation muss oft betrauert und bewältigt werden.

Krisenzustände sind allgemein gekennzeichnet durch das Herausfallen aus gewohnten und selbstverständlichen Alltagsabläufen, die Menschen als »normal« empfinden. Unter normalen Alltagsbedingungen werden Innen und Außen, Bedürfnisse und Anforderungen aneinander angepasst. Diese Anpassungsprozesse sind im Fall der lebensbedrohlichen Erkrankungen verändert und gestört.

Die Neuanpassung an das Leben verläuft oft in typischen Phasen, wie Verena Kast sie in ihrem Buch *Der schöpferische Sprung. Vom therapeutischen Umgang mit Krisen*[35] beschrieben hat:

- die Phase des Nicht-wahr-haben-Wollens, der Schock,
- die Phase der chaotischen, aufbrechenden Emotionen,
- die Phase des Suchens, Sich-Trennens und Trauerns,
- das Finden eines neuen Selbst- und Weltbezugs.

Ein Teil der chaotisch aufbrechenden Gefühle nach der Schockphase sind nicht selten auch Schuldgefühle. Sie haben zu tun mit dem bedrohlichen Verlust des Lebens und mit der Erkenntnis, Wichtiges im Leben versäumt, nicht »richtig« gelebt zu haben. Nicht selten wird die Erkrankung als etwas persönlich Beschämendes gesehen, verknüpft mit einem irrationalen Gefühl: »Ich habe versagt.« Die Wut und der ohnmächtige Zorn über die narzisstische Kränkung, die die Krankheit bedeutet, werden nicht selten nach außen projiziert, z.B. auf das Pflegepersonal und die Ärzte, die sich (angeblich) nicht richtig um die Erkrankte kümmern.

Gerade bei der Diagnose von lebensbedrohlichen Erkrankungen mit progredientem Verlauf bzw. ungewisser Perspektive ist oft nicht einzuschätzen, welche Möglichkeiten einer aktiven Bewältigung und welcher Verhaltensspielraum den Betroffenen noch zur Verfügung stehen. Solche Erkrankungen führen zu einem Maß an Abhängigkeit vom medizinischen Versorgungssystem, das eine zusätzliche Belastung für die Betroffenen darstellt. Ihr ganzes Leben muss sich nun auf dieses System einstellen, das ihnen oft nur geringe Einflussmöglichkeiten belässt. Es ist oft ein schwieriger Balanceakt, die notwendige Compliance, d.h. ein kooperatives Arbeitsbündnis zwischen Ärztin/Therapeutin und Patientin, aufzubauen, gleichzeitig ein hohes Maß an Autonomie und Selbstbestimmung zu erhalten und beides in das rechte Verhältnis zu bringen.

Brustkrebsdiagnose und anschließende Behandlung werden von den meisten Betroffenen als eine extreme psychische und körperliche Belastung erlebt. Es ist schwer, damit zurechtzukommen, dass im Körper etwas geschehen ist und geschieht, das nicht willentlich zu steuern und zu beeinflussen ist. Ebenso ist es schwer, aus den aktiven beruflichen und privaten Rollen in die der Patientin zu wechseln und nun auf Hilfe und Unterstützung angewiesen zu sein. Und es ist schwer, Hoffnung, Zuversicht und Mut wiederzufinden und in ein neu angepasstes inneres Gleichgewicht zurückzukommen. Manche Erkrankte benötigen für ihren Prozess der Krankheitsbewältigung Krisenhilfe bzw. psychotherapeutische Begleitung.

### Krisenhilfe bei lebensbedrohlichen Erkrankungen

Von entscheidender Bedeutung für die Bewältigung der Krisen, die durch lebensbedrohliche Erkrankungen ausgelöst werden, ist die Unterstützung durch ein tragfähiges soziales Netz von Angehörigen, Freunden und Freundinnen sowie kompetenten und zugleich einfühlsamen professionellen Ärzten, Therapeutinnen und Pflegepersonal. In der professionellen Krisenhilfe bei lebensbedrohlichen Erkrankungen geht es vor allem um:

1. Restabilisierung und Beruhigung, emotionale Unterstützung und Zuwendung,
2. Angstreduzierung (Angst durch die Diagnose, Angst vor der Therapie, Zukunftsangst und Prognoseangst),

3. Hilfen zur Krankheitsbewältigung, eventuell mit traumatherapeutischen Methoden (z.B. einen offenen Raum zum Ausdruck von Emotionen anbieten),
4. Stärkung des Selbstwertgefühls zur Verringerung von Hilflosigkeit, Unterstützung dabei, Handlungs- und Selbstbestimmungsmöglichkeiten (Selbstwirksamkeit) (wieder)zufinden,
5. Bearbeitung der Folgeprobleme der Erkrankung, z.B. einer Behinderung,
6. Förderung der Integration von Krankheitserfahrungen,
7. Hilfen zur Neuorientierung, unter Umständen auch zur Verbesserung der Lebensqualität,
8. Förderung des persönlichen Wachstums in der Krise der Krankheit und durch die Krise.

### LEBENSBEDROHLICHE ERKRANKUNG UND DAS SOZIALE UMFELD

Es darf bei den Krisen durch lebensbedrohliche Erkrankungen nicht vergessen werden, dass nicht nur ein einzelner Mensch erkrankt ist, sondern sein ganzes soziales System: Die Familie, der Partner bzw. die Partnerin, der Kreis von Freunden und Freundinnen sind in besonderer Weise betroffen. Die Botschaft der Lebensbedrohung und der Endlichkeit des Lebens erreicht auch sie und macht etwas mit ihnen. Neben dem Mitgefühl mit der Erkrankten werden eigene Ängste geweckt, die einige auf Abstand zu ihr gehen lässt, als sei sie aussätzig. Die Erkrankung bedeutet auch, dass für die Betroffene nun mit zu sorgen ist und z.B. die eigene Zeit anders eingeteilt werden muss, damit ein Teil ihrer Aufgaben übernommen werden kann. Für Angehörige ist es wichtig zu wissen, dass die Erkrankung Auswirkungen auf die Beziehungen hat. Diese können sich unter dem Einfluss der Krankheit verbessern oder auch verschlechtern.

### KRISE BEI LEBENSBEDROHLICHER ERKRANKUNG ALS CHANCE

Wie viele Krisen, so haben auch die Krisen bei lebensbedrohlichen Erkrankungen ihre spezifischen Chancen. »Ich habe wieder gelernt, intensiver zu leben, jeden Tag als kostbares

Geschenk zu sehen! Das hat mir der Krebs auch gebracht«, sagte eine Patientin, nachdem sie ihre Darmkrebserkrankung überstanden hatte. »Es war für mich auch eine Chance zu einem Rückzug, um meine Lebenssituation zu bedenken, manches neu zu ordnen«, sagte mir eine andere.

Die Diagnose Krebs fordert die Auseinandersetzung mit der eigenen Sterblichkeit heraus, sie macht deutlich, dass Krankheit, Alter und Sterben ein Teil des Lebens sind und nicht einfach vermieden werden können. Manche Erkrankte schaffen es, die seelische Kränkung, die die Erkrankung bedeutet, zu überwinden, von der unfruchtbaren Frage: »Warum denn gerade ich?« zur Frage: »Wozu könnte es denn auch gut sein? Welchen Sinn kann ich dem Geschehenen geben?« zu gelangen und für sich eine ganz persönliche Antwort zu finden.

## *Kapitel 8: Krisen durch Burn-out*

Mit dem Phänomen Burn-out hat heute schon fast jeder einmal in seinem persönlichen Umfeld zu tun gehabt – weil er/sie entweder selbst davon bedroht bzw. betroffen ist oder jemanden kennt, der in eine Burn-out-Krise geraten ist.

Burn-out (= Ausbrennen) ist eine Erkrankung, von der in einer Leistungsgesellschaft immer mehr Menschen betroffen sind, vor allem solche, für die Leistung und beruflicher Einsatz an erster Stelle stehen. Die eigenen Ansprüche an sich selbst sind oft außerordentlich hoch. Schöpferische Pausen, genügend freie Zeit und Erholung kommen bei den von Burn-out Betroffenen ständig zu kurz. Wesentliche Grundbedürfnisse werden oft jahrelang vernachlässigt, Warnsignale in Form von körperlichen und psychischen Symptomen verleugnet oder nicht erst genommen. Sich noch mehr anstrengen, sich noch »besser in den Griff bekommen«, das sind oft zunächst vergebliche Versuche, mit der Burn-out-Gefährdung umzugehen.

Burn-out ist ein Erschöpfungssyndrom aufgrund von Überforderungen. Bevor es zur Krise kommt, gibt es häufig eine längere Phase von Frustration und Überdruss, in der sich das ursprüngliche Engagement und der Idealismus rapide verringern und der Betroffene »nur noch funktioniert«.

Wichtige Warnhinweise und Anzeichen für Burn-out können sein:

- ständige Müdigkeit und Erschöpfung,
- nicht zur Arbeit gehen wollen und sich dazu zwingen,
- ein Lebensgefühl von Leere und Abgestumpftheit,
- Versagens- und Schuldgefühle,
- hohe Nervosität, Gereiztheit und Unduldsamkeit,
- sich »wie im Hamsterrad« fühlen,
- kein wirkliches Interesse mehr entwickeln können, Gleichgültigkeit,
- nicht mehr kreativ sein können, es fällt einem nichts mehr ein.

Häufig werden die Anzeichen von den Betroffenen verkannt und als »nicht so wichtig« abgetan. Gesteigerter Medikamenten- und Alkoholkonsum werden genutzt, um das Problem zu maskieren.

»Ausbrennen« ist eine Selbstgefährdung, die besonders häufig auch bei Menschen auftritt, die unter Doppel- und Dreifachbelastungen stehen. Berufstätige Frauen und Mütter stehen nicht selten unter dem Druck, verschiedenen Rollenerwartungen gerecht zu werden. Sie müssen nicht nur ihre persönlichen Fähigkeiten und beruflichen Kompetenzen unter Beweis stellen, sondern auch die ihres Geschlechts. Aufgrund mangelnder öffentlicher Unterstützung in der Kinderbetreuung sowie dann, wenn Partner mehr an ihrer Karriere als am partnerschaftsgerechten Teilen von familiären Aufgaben interessiert sind, summieren sich die Anforderungen an Frauen durch Beruf und Karriere, Kindererziehung, Haushalt und zusätzliche familiäre Betreuungsaufgaben bei pflegebedürftigen Angehörigen. Das Gefühl für ein gutes, sinnvolles Leben kommt ihnen abhanden, sie merken oft nicht, wie sehr sie selbst zu kurz kommen und sich selbst vernachlässigen.

### CHRISTA V.: BURN-OUT-GEFAHR DURCH STÄNDIGE ÜBERFORDERUNG

Christa V. ist Kinderärztin und arbeitet in einer Gemeinschaftspraxis. Sie ist in ihrem Wohnort sehr bekannt und beliebt. Viele Eltern haben zu ihr ein besonderes Vertrauen. Für besorgte Mütter ist sie fast immer erreichbar. Eigentlich ist die Praxis längst überfüllt, aber sie nimmt immer noch neue Patienten auf. Das Nein-Sagen fällt ihr schwer.

Ihr Tag beginnt morgens um 6.00 Uhr, wenn sie für die Familie das Frühstück macht und die drei Kinder versorgt, die alle noch im Schulalter sind. Ihr Mann, auch Mediziner, kümmert sich wenig um Haushalt und Kinderversorgung, er ist vor allem mit der Planung seiner universitären Karriere beschäftigt. Um seine hilfsbedürftige Mutter kümmert sich Christa als Schwiegertochter auch.

Christa fühlt sich in letzter Zeit häufig deprimiert, sie leidet unter Schlafstörungen und nächtlichen Alpträumen. Von Erschöpfung spricht sie aber nicht. Als ich sie im Rahmen einer Supervisionsgruppe auffordere, den Ablauf eines ganz gewöhnlichen Werktages zu beschreiben, wird ihre Überbeanspruchung sichtbar. Für sie ist jedoch ein 12- bis 14-Stundeneinsatz »normal«; Büroarbeit für die Praxis am Wochenende ebenfalls.

Erst als es zu einem mittelschweren, von ihr verursachten Verkehrsunfall kommt, ist sie bereit, ihre gegenwärtige Lebenssituation und ihren eigenen Zustand unter der Burn-out-Perspektive zu betrachten. Sie wagt es nun, sich einzugestehen, wie belastet sie mit den Aufgaben in der Praxis und – trotz Haushaltshilfe – zu Hause ist, mit den drei Kindern und der Versorgung der Schwiegermutter, wie unduldsam sie oft mit ihren Kindern umgeht. Eine Sprechstundenhilfe hat kürzlich mit der Begründung gekündigt, dass sie den Stress und die häufigen Überstunden in der Praxis nicht mehr mitmachen wolle. Zeit für ihre Freundinnen und für andere Interessen (sie liebt Theater und Ballett) hat Christa schon lange nicht mehr. Auch ihre Unzufriedenheit mit dem Arrangement ihrer Ehe macht sich nun in bitteren Bemerkungen Luft.

Christa wird langsam bereit zum Innehalten und sieht ein: »So kann's mit mir nicht weitergehen.«

Entscheidende Schritte bei einer Burn-out-Krise sind allgemein:

1. das Problembewusstsein schärfen,
2. Einsicht in die Dringlichkeit rascher Hilfe wecken,
3. konkrete Schritte zur Veränderung machen.

Besonders wichtig ist also, dass die Gefahr des Ausbrennens rechtzeitig erkannt wird und Gegenmaßnahmen rasch erfolgen.

Grundsätzlich kann das Phänomen Burn-out in allen Berufsbereichen auftreten. Eine besonders gefährdete Gruppe sind jedoch Menschen in Leitungspositionen mit hohem Verantwortungsdruck. Hierzu ein weiteres Fallbeispiel.

### EIN HÖRSTURZ »ZIEHT DIE NOTBREMSE«[36]

Herr A. meldet sich nach zweimaligem Hörsturz bei mir zu Therapie. Er leidet seitdem an Tinnitus – so stark, dass er arbeitsunfähig ist.

Herr A. ist bei einem großen Wohlfahrtsverband in leitender Position tätig. In den letzten Jahren hat er immer mehr Aufgabenbereiche übernehmen müssen, wegen Stellenkürzungen hat sich sein Verantwortungsbereich ständig erweitert. Eigentlich fühlt er sich seit langem müde, lustlos und energielos, aber sein innerer Antreiber lässt ihn nicht zur Ruhe kommen. Seine Zukunftsängste werden immer stärker, die Angst zu versagen, seinen Aufgaben nicht mehr gewachsen zu sein, nimmt zu.

Streng protestantisch erzogen, haben Arbeit, Pflichterfüllung und großer Einsatz für andere sein Leben bestimmt. Er war unfähig, sich gegen immer mehr Anforderungen und Leitungsaufgaben zu wehren, und so blieb sein Privatleben auf der Strecke: »Ich habe meine Frau und meine Kinder irgendwie aus den Augen verloren«, entdeckt er jetzt.

Auf eigene Bedürfnisse, Wünsche und Interessen (seine Liebe zur Musik) hört er nicht mehr. Dies zeigt ihm der Hörsturz mit dem anschließenden Tinnitus auf drastische Weise und zieht sozusagen die Notbremse. Herr A. spürt, dass eine Kurskorrektur ansteht, gerät immer mehr unter Druck. Schlaflosigkeit, Versagensängste und psychosomatische Symptome verstärken sich.

Herrn A.s Fall ist typisch für Burn-out durch Überforderung. Er hat sich von seinen regenerativen Kraftquellen – Erholung, Zeit für Musik, Pflege von Beziehungen – immer weiter entfernt.

Burn-out ist ein Reaktionssyndrom, das mit den Arbeitsbedingungen und Organisationsstrukturen, den Aufgaben- und Personalmerkmalen zusammenhängt.

Das Ausbrennen kann als ein Prozess beschrieben werden, der in verschiedenen Phasen abläuft. Die Intensität, mit der die Leistungsfähigkeit beeinträchtigt wird, ist abhängig von der beruflichen Situation, in der sich der Betroffene befindet, sowie von seiner Persönlichkeit.

Bei Menschen, die ausbrennen, zeigt sich nicht nur ein einziges Merkmal des Ausbrennens. Vielmehr treten oft mehrere Merkmale parallel auf. Die Stärke der Merkmale ist individuell und situativ unterschiedlich. Zu differenzieren ist dabei zwischen Symptomen körperlicher, emotionaler und geistiger Erschöpfung.

Merkmale *körperlicher Erschöpfung* sind unter anderem Energiemangel, chronische Müdigkeit, erhöhte Anfälligkeit für Infektionskrankheiten, häufige Kopfschmerzen, Übelkeit, Verspannungen, Rückenschmerzen, Veränderung der Essgewohnheiten. Emotional erschöpfte Menschen fühlen sich niedergeschlagen, deprimiert und hoffnungslos. Sie haben das Gefühl, nichts mehr geben, keine Gefühle mehr investieren zu können, alle Reserven, die sie noch haben, zur Bewältigung des Alltags zu benötigen. Unter Umständen bedeuten selbst Familie und Freundeskreis keine Kraftquellen und Ressourcen mehr, sondern werden nur noch als weitere Anforderungen empfunden. Sie werden gleichgültig. *Geistige Erschöpfung* bedeutet die Entwicklung negativer Einstellungen zu sich selbst, zur Arbeit, zum Leben im Allgemeinen. Die Betroffenen fühlen sich unzulänglich, minderwertig, ihren Aufgaben nicht mehr gewachsen, sie halten sich für Versager, alles erscheint ihnen sinnlos.[37]

Im Prozess des schleichenden Ausbrennens kommt es zu einem immer gravierender werdenden Verlust an Fähigkeiten zur Regeneration und zum Ausgleich von Belastungen, es kommt zum Dauerstress. Die berufliche Leistungsfähigkeit nimmt stetig ab.

Besonders bedroht von Burn-out sind Menschen in helfenden und pädagogischen Berufen, die viel Beziehungsarbeit und Beziehungsorientierung verlangen. In diesen Berufen ist die Gefahr groß, dass die Betroffenen negative und dehumanisierende Einstellungen gegenüber ihren Klienten entwickeln. Sie nehmen ihr Gegenüber nicht mehr als einen individuellen Menschen mit Gefühlen, Bedürfnissen und Persönlichkeit wahr, sondern vielmehr als Ansammlung von Problemen. Sie können sich nicht mehr einfühlen, haben keine Empathie mehr und flüchten sich oft in Zynismus, Selbst- und Fremdabwertungen. Es sind – paradoxerweise – gerade die hoch motivierten, besonders engagierten und leistungsorientierten Menschen, die von Burn-out bedroht sind.[38]

Was war im Fall von Herrn A. bei der Bewältigung der Burn-out-Krise hilfreich?

- Eine Auszeit vom Beruf in Form einer Kur,
- Veränderungen im beruflichen Bereich, Reduktion von Zuständigkeiten und Delegation von Arbeitsbereichen mit Hilfe von Supervision,
- die Auseinandersetzung mit der Ehe- und Familiensituation und das Zulassen der Ehekrise,
- die Auseinandersetzung mit grundlegenden Fragen von Werten und Fragen des Lebenssinns,

- die Zuwendung zur Ressource Musik, die für ihn eine besondere Kraftquelle ist,
- insgesamt zu lernen, gut für sich selbst zu sorgen.

Auch hinter der Burn-out-Problematik wird häufig ein Verlust an Lebenssinn in den bisherigen Lebensmustern deutlich. Gefühle von Sinnleere und Sinnlosigkeit haben sich leise eingeschlichen, zunächst nur als vage Unzufriedenheit. Zweifel, Erschöpfung oder auch Ohnmacht und Machtlosigkeit gegenüber rigiden Organisationsabläufen, Resignation und Zynismus machen sich dann breit. Auch in Burn-out-Krisen ist es nach meinen Erfahrungen wichtig und notwendig, auf die zugrunde liegende Sinnfrage einzugehen, um den Entwicklungsstillstand und -notstand der Seele ins Bewusstsein zu bringen. Die Chance von Burn-out-Krisen liegt dann darin, wieder in lebendigen Fühlkontakt mit eigenen zentralen Bedürfnissen zu kommen und nach Lebensveränderungen zu suchen, die der Individuation, dem »Werde, der/die du bist«, wieder Raum geben.

## *Kapitel 9: Suizidale Krisen*

Es gibt viele Gründe, weshalb Menschen am Leben verzweifeln können. Häufig ist der Suizidversuch ein Schrei nach Hilfe. Selten ist ein Suizid als »Selbstmord« oder gar »Freitod« zu verstehen.

Niemand würde sich selbst töten, wenn die inneren und äußeren Lebensbedingungen für ihn akzeptabel und angemessen wären. Jeder Mensch hat ein Recht, über sich und sein Leben zu verfügen. Nach einem Suizidversuch muss er sich nicht rechtfertigen oder gar verteidigen.

Immer ist auf die Lebenssituation *vor* dem Suizid oder Suizidversuch zu schauen, um zu verstehen, womit der Betroffene nicht allein fertig werden konnte, wo er Hilfe braucht, vor allem in Form einer helfenden, tragfähigen Beziehung, die die oftmals vorherrschende Vereinzelung und Isolation aufbricht. Die Suizidhandlung hat oft den paradoxen Sinn, eine Lebenskrise zu bewältigen, sie ist also auch eine Art Lösungsversuch.

In Bezug auf den Suizid herrscht noch immer eine Reihe von Vorurteilen, z. B.:

- *»Wer von Suizid spricht, tut es nicht.«*
  Dagegen ist zu sagen, dass 80 Prozent aller Menschen, die einen Suizid planen, es in irgendeiner Form vorher ankündigen.
- *»Ein Suizidversuch ist eine Art Erpressungsversuch.«*
  Jeder Suizidversuch löst Betroffenheit und unter Umständen Druck bei denjenigen aus, die zum Lebensumfeld des suizidalen Menschen gehören. Man kann den Versuch aber auch als eine Botschaft ansehen, die auf die Not aufmerksam macht.
- *»Wer es einmal probiert, versucht es doch immer wieder.«*
  Empirische Studien belegen, dass dies für etwa ein Fünftel der Betroffenen gilt. Das bedeutet, 80 Prozent der Suizidversuche sind einmalige Ereignisse.

Um in der Rolle eines Helfers oder einer Freundin Zugang zum Geschehen zu bekommen, ist es oft hilfreich, sich an eigene Krisen und Lebenssituationen zu erinnern, in denen das seelische Gleichgewicht erschüttert war. Der Helfer muss verstehen können, dass der Betroffene sich in einer für ihn verzweifelten Situation befindet.

Verzweifelung ist ein existentielles Gefühl, bei dem der Betroffene keinen Ausweg mehr sieht und keine Hoffnung mehr hat. Für einen Menschen, der in eine suizidale Krise gerät, erhalten seine Probleme, Nöte, Kränkungen einen so großen Raum in seinem Bewusstsein, dass für andere Empfindungen kein Platz mehr bleibt. Erwin Ringel[39] hat dieses sogenannte Präsuizidale Syndrom sehr erhellend in einem Drei-Phasen-Modell beschrieben:

In der ersten Phase kommt es zu einer zunehmenden Einengung von Wahrnehmung, Gefühl und Lebensweise. Das Gefühlsleben wird von Angst, Verzweifelung und Hoffnungslosigkeit bestimmt, hinzu kommt ein Gefühl von Ohnmacht, nicht mehr weiter zu wissen und die Situation nicht beeinflussen zu können. Die zwischenmenschliche Einengung besteht in der zunehmenden Isolierung, im Rückzug aus Beziehungen. Diese werden zunehmend bedeutungslos. Die Einengung der Wertewelt bedeutet, dass immer mehr Aspekte des Lebens an Wert und Sinn verlieren und entwertet werden, einschließlich des eigenen Lebens.

In der zweiten Phase kommt es zu einem Aggressionsstau bzw. zu einer Umkehr der Aggression, die nun gegen die eigene Person gerichtet wird.

In der dritten Phase wird das Bewusstsein bestimmt von immer zwingenderen Phantasien, die darum kreisen, wie die Selbsttötung geschehen soll. Der Wunsch, tot zu sein, wird übermächtig.

Zu den besonders gefährdeten Risikogruppen zählen Alkoholkranke, Drogenabhängige, Menschen, die an einer Depression erkrankt sind, Vereinsamte und ganz besonders die Gruppe der alten Menschen.

Zahlreiche Jugendliche haben in schwierigen Lebenssituationen Suizidgedanken, die meisten finden jedoch Möglichkeiten, ihre Krisenzeit ohne Suizid oder Suizidversuch zu überstehen. Besonders gefährdet sind jedoch Kinder und Jugendliche, die in ihren Familien unerwünscht sind und emotional vernachlässigt werden, die Gewalterfahrungen machen mussten, die in ihren Schulklassen wenig anerkannt werden und Außenseiter sind, Jugendliche, die Verluste und Trennungen nicht verkraften konnten. Es sind Kinder, die aufgrund ihrer Erfahrungen mit Erwachsenen und Gleichaltrigen keine Hoffnung auf Hilfe haben bzw. aus Angst vor weiteren Enttäuschungen oder aus Scham Hilfe ablehnen. Sie zeigen oft nach außen ein stark abwehrendes oder auch aggressives Verhalten, hinter dem sie ihre innere Not zu verbergen suchen.

Am häufigsten kommen Suizide in der Altersgruppe von Menschen zwischen 15 und 30 Jahren und zwischen 55 und 75 Jahren vor. Bei der ersten Gruppe handelt es sich zumeist um eine impulsive Handlung, bei älteren Menschen kommt eine sogenannte Bilanztötung häufiger vor. Bei den Suiziden überwiegen die Männer in fast allen Altersgruppen, während bei den Suizidversuchen die Rate der Frauen höher ist. Frauen wählen zudem oft Mittel, z.B. Medikamente, bei denen noch größere Rettungschancen bestehen.[40] Die Suizidraten steigen bei Männern und Frauen mit zunehmendem Alter an und haben ihre höchsten Werte im hohen Alter. Die höchsten Suizidraten in der Bevölkerung sind bei Männern über 75 Jahren zu finden. Aufgrund einer umfassenden Studie warnt Erlemeier: »Die Suizidgefährdung alter Menschen mit tödlichem Ausgang ist weiterhin hoch einzuschätzen.«[41]

### SUIZIDALE KRISEN IM ALTER

Fast ein Drittel aller Suizide (jährlich zwischen 11000 und 12000) wird von Menschen über 60 Jahren vollzogen. Diese stellen gegenwärtig jedoch nur ein Fünftel der Bevölkerung.

Die Pensionierung, der Verlust des Arbeitsplatzes im höheren Alter, vor allem in Verbindung mit der Erfahrung, für Chancen auf dem Arbeitsmarkt nun »zu alt« zu sein, körperliche Veränderungen oder die Erfahrung von Demenz – all dies kann Auslöser für eine Alterskrise sein. Mit dem Bewusstsein der scheinbar immer schneller vorübereilenden Zeit kommen Fragen auf wie: »Das soll nun alles gewesen sein? War das mein Leben wert? Hat es seinen Sinn erfüllt? Kann ich und will ich so weiterleben?« Aufkommende Ängste, tiefe resignative Gefühle können sich bis zur suizidalen Krise steigern.

Die Nichtbewältigung der Entwicklung- und Reifungsaufgaben des Alters zeigt sich unter Umständen in spezifisch aggressiv-destruktiven Verhaltensweisen der ständig unzufriedenen, nörgelnden, manchmal sogar boshaften Alten mit ihrem Lebensneid auf die Jüngeren. Sie kann sich im Sich-Anklammern an Besitz und den Status quo zeigen, im Sammeln, Festhalten von Dingen – aus Altersgier und einem Gefühl, im Leben zu kurz gekommen zu sein. All dies macht den Umgang mit solchen alten Menschen schwierig. Öfter aber verbergen ältere Menschen ihre Nöte und Probleme im stillen, schambesetzten Rückzug.

Die Analyse von Abschiedsbriefen alter Menschen, die ihr Leben durch Suizid beendeten oder einen Suizidversuch unternommen haben, verdeutlicht die Themen und Problemfelder der Alterskrise:

- Vereinsamung und Isolation,
- schwerwiegende Verlusterfahrungen, z.B. der Tod des Lebenspartners,
- Altersarmut,
- Angst vor Krankheit und langem Siechtum,
- Angst vor Abhängigkeit und dem Verlust von Würde und Autonomie,
- Angst vor Pflegebedürftigkeit und entmündigender Behandlung in Pflegeheimen,
- gestörte Beziehungen und Zerwürfnisse in der Familie und Partnerprobleme,
- Angst vor einem inhumanen Lebensende und dem Ausgeliefertsein an eine hochtechnisierte Apparatemedizin.

Die suizidale Krise älterer Menschen zeigt sich zu Beginn oft im Rückzug aus sozialen Beziehungen und in nachlassenden Interessen. Die Betroffenen geben lang gepflegte Hobbys auf, verfallen in starkes Grübeln, äußern Sätze wie: »Es hat doch alles keinen Sinn mehr für mich!«, »Wofür soll ich noch weiterleben?«, »Am besten wäre, ich würde gar nicht mehr aufwachen.« Häufig werden Warnsignale in Form von Suizidgedanken und konkreten Plänen, wie man die Selbsttötung begehen könnte, gegeben. Weitere Kennzeichen einer Risiko-Symptomatik und Suizidgefährdung sind Denkweisen, die von

Hoffnungslosigkeit, Hilflosigkeit, Schuldgefühlen und Selbstentwertung bestimmt sind.

Im Bereich der sozialen Beziehungen sind Isolation und Vereinsamung bei alten Menschen ein Hauptproblem. In verschiedenen Studien bei den über 65-jährigen Suizidversuchern gehörten neben der depressiven Symptomatik und verschiedenen körperlichen Leiden Isolation und Vereinsamung zu den Hauptfaktoren.[42] Unter den Personen mit Suizidversuchen und Suizid sind überproportional häufig Geschiedene, getrennt Lebende, Verwitwete und ledige Menschen zu finden.

Krisenintervention und psychotherapeutische Hilfe für ältere Menschen verlangen oft ein besonderes Maß an Einfühlung, da sie von ihrer Umwelt oft wenig Unterstützung zur Restabilisierung ihres Selbstwertgefühls erfahren. Tiefenpsychologisch geht es in den Gesprächen oft darum, die bewussten und unbewussten Konfliktanteile zu erkennen und den Zusammenhang zwischen den kränkenden Krisenauslösern und den unbewussten Grundkonflikten herauszufinden.[43] Hierzu ein Fallbeispiel:

### MIT DEM SCHEITERN LEBEN LERNEN

Hermann E. hat viele Jahre als Angestellter in einer Pflegeeinrichtung gearbeitet. Nachdem er eine kleine Erbschaft gemacht hat, beschließt er, zusammen mit seiner Frau den Sprung in die berufliche Selbstständigkeit zu wagen und ein kleines Altenpflegeheim zu eröffnen. Er hat viele fortschrittliche Ideen, findet ein Haus, das für seine Zwecke ideal erscheint, stellt Mitarbeiterinnen ein und wirbt um Bewohner, leiht sich zusätzlich notwendiges Geld bei Freunden und Verwandten. Aber das ganze Projekt ist finanziell nicht gut geplant, die Finanzdecke ist zu dünn, die Darlehensgebühren für die Bank und die Personalkosten sind viel höher als kalkuliert, auch die Belegungszahlen erhöhen sich nur langsam. So scheitert er nach zwei Jahren mit einem großen Schuldenberg; sein Lebenstraum geht in einem Insolvenzverfahren unter.

Hermann ist verzweifelt, schämt sich vor Nachbarn, Freunden und Verwandten, kann mit seinem Scheitern und Versagen nicht umgehen, zieht sich immer stärker auch von seiner Frau zurück und gerät so in eine suizidale Krise: Er will mit einem Schuss aus dem Leben gehen.

Durch »Zufall« stößt er in einem Fortbildungsprogramm auf den Namen seiner früheren Psychotherapeutin, bei der er vor Jahren einmal eine Therapie gemacht hat. Er nimmt Kontakt mit ihr auf und ist auf der Basis der alten, tragfähigen therapeutischen Beziehung bereit, sich von ihr helfen zu lassen. Er braucht einen Raum, um sich sein Scheitern, sein Versagen einzugestehen, um den zerplatzten Lebenstraum zu betrauern, um im Lebensrückblick auch wieder mit den Phasen seines Lebens in Kontakt zu kommen, die er gut bewältigt hat, die gelungen sind. Es geht darum, nicht sein ganzes bisheriges Leben unter der Perspektive des Scheiterns, mit ausschließlichem Blick auf die Ereignisse der letzten zwei Jahre, zu sehen. Auf diese Weise kann er sich aus der Todeszone der Verzweifelung und Hoffnungslosigkeit wieder herausarbeiten, ist nun auch bereit, die Hilfe einer professionellen Schuldnerberatung anzunehmen.

Es ist ein schmerzhafter Prozess, bei dem Scham- und Schuldgefühle immer wieder viel Raum einnehmen, bis er am Ende enttäuscht den Lebenstraum, ein »freier« Unternehmer zu sein, verabschieden kann und bereit ist, einen beruflichen Wiedereinstieg zu versuchen.

Bei solchen und vergleichbaren Ereignissen besteht ein wichtiges Ziel der Krisenhilfe darin, dass der Betroffene fähig wird, das Misslingen nicht länger als einzigartiges, alles überschattendes Geschehen zu sehen, sondern es als nur einen Teil des Lebens zu betrachten und als solchen in seine Biographie zu integrieren. Auf diese Weise kann die Ich-Identität wieder stabilisiert werden. Es geht für den Betroffenen zum einen darum zu akzeptieren, dass das Scheitern nicht ungeschehen gemacht werden kann, zum anderen aber auch darum, es nicht zum Hauptthema des ganzen weiteren Lebens auszugestalten, sondern Raum für einen neuen Lebensentwurf zu eröffnen.

### DER PLÖTZLICHE TOD EINES GELIEBTEN MENSCHEN

Zu Beginn unseres Gespräches sagt Herr E. zu mir: »Unser Leben verlief in gut geordneten Bahnen, die Kinder waren groß und aus dem Haus, meine Frau arbeitete halbtags wieder. Es ging uns gut, auch miteinander, es gab nur die kleineren Alltagssorgen.

Und dann kam der Unfall, auf einmal war sie einfach weg, tot. Ich weiß gar nicht, was ich ohne sie machen soll. Es fühlt sich wie amputiert an. Ich habe keinen Boden mehr unter den Füßen, weiß nicht, wie ich den Alltag allein bewältigen soll, sie hat doch für alle im Haushalt gesorgt. Ich bin einfach verzweifelt.«

Der verlassene Herr E. muss sich für sein weiteres Leben ganz neu orientieren.

### DIE EMOTION DER TRAUER

Trauer ist eine notwendige, schmerzvolle und existentielle Reaktion auf die Lebensrealitäten, die mit Verlust, Sterben und Tod zu tun haben. Schon Säuglinge und Kleinkinder zeigen nach der Trennung von der Mutter Trauerreaktionen, wie uns die neuere entwicklungspsychologische Bindungsforschung gezeigt hat. Sigmund Freud beschrieb die Emotion der Trauer als die Arbeit der menschlichen Seele, einen erlittenen Verlust zu bewältigen, um wieder leben, lieben und arbeiten zu können.[44] Er betont, dass der Trauernde von seinem Verlust gänzlich absorbiert sei, bis hin zur Frage, ob er nicht auch sterben wolle.

Trauern ist ein schmerzvoller Vorgang der inneren Ablösung und Loslösung, ein Prozess der Verarbeitung der Verluste, die das Leben uns abverlangt. Grundsätzlich gehört die Trauer zum Leben. Sie ist die natürliche und notwendige, d.h. Not-wendende Reaktion der ganzen Person, um das verlorene innere Gleichgewicht wiederzuerlangen, um auf die nächste Lebensstufe zu gelangen.

Trauer ist unerlässlich. Sie kann nicht einfach ausgelassen oder verdrängt werden. Die Zeit allein heilt nicht, sondern versteinert nur. Verdrängte, vermiedene, unausgedrückte und vor allem ungelebte Trauer kann das Entstehen von Krankheiten, ihre Ausprägung und ihren Verlauf beeinflussen.

Menschen trauern auf ihre persönliche Weise; zugleich ist die Trauer eingebettet in kulturelle Formen und Riten. Trauer ist kein Tabu mehr, eine reiche Ratgeberliteratur, spezielle Angebote von Trauergruppen, Trauercafés, Trauerseminaren rücken Trauer ins öffentliche Bewusstsein. Auch das Internet bietet inzwischen besondere Foren.

Die psychische Verfassung von Trauernden kann schwanken zwischen scheinbarer Emotionslosigkeit und intensiven Gefühlen von Schmerz, Verzweiflung, Lebensangst und Unsicherheit, wie es weitergehen könnte. Sie haben unter Umständen eigene Todeswünsche, sind depressiv, können aber auch Erleichterung spüren, wenn eine schwierige und belastende Phase des Sterbens eines Angehörigen vorbei ist. Trauernde fühlen sich oft erschöpft und leer, sind in einem geschwächten Zustand. Auseinandersetzungen und Selbstbehauptung überfordern sie.

Trauernde sind auf sich selbst zurückgeworfen. Wenn sie einen Lebenspartner oder eine Partnerin verloren haben, stehen sie vor der schwierigen Aufgabe, sich aus einem Beziehungsselbst in ein eigenständiges Selbst zurückzuverwandeln und über den Bruch in der Kontinuität ihres Lebens hinwegzukommen. Sie benötigen eine verständnisvolle und unterstützende Umwelt, die nicht von ihnen erwartet, möglichst schnell wieder in ein normales Leben zurückzufinden.

Der Tod von Menschen, mit denen wir in engen persönlichen Beziehungen gelebt haben, lehrt uns, was Sterben und Tod bedeuten. Er bringt uns selbst in das Energiefeld des Todes. Die ganze Welt bekommt für Trauernde ein anderes Gesicht. Trauer ist seelische Schwerstarbeit. Trauer braucht vor allem Zeit. Vermiedene Trauer macht das Herz hart, durchlittene Trauer öffnet das Herz für Dankbarkeit, Liebe und erneute Zuwendung zum Leben.

### DER TRAUERPROZESS UND SEINE PHASEN

Die Art der Trauer ist abhängig davon, wie wir uns mit der Realität der Sterblichkeit von Menschen, Beziehungen, Freundschaft und Liebe auseinandersetzen können. Kollektiv wie individuell werden immer wieder Abwehrmechanismen der Verleugnung aktiviert. Trauer ist jedoch mit Abwehrvorgängen nicht zu vereinbaren. Diese haben den Zweck, Realitätseinsicht und Schmerz zu vermeiden. Trauerarbeit hingegen geht in den Schmerz hinein. Es ist ein Zerreißen langjähriger Bindungen, ein Bloßlegen der tiefen Verwundungen im Selbst. Der große Schmerz des Verlusts scheint zunächst unerträglich.

Trauern ist ein langwieriger Prozess. In diesem Geschehen gibt es einige typische Phasen. Die erste Phase besteht häufig aus Schock, Betäubung, Nicht-wahr-haben-Wollen – wir können es nicht fassen, halten alles nur für einen bösen Traum, aus dem wir erwachen werden. Auch wenn der Verstand die Tatsache wahrnimmt – der Rest von uns ist bemüht, sie zu verleugnen. Frau M., die bei der Scheidung auch das Sorgerecht für ihren Sohn verlor, weil das Kind ihrem Mann zugesprochen wurde, konnte diese Tatsache monatelang nicht realisieren. Sie weigerte sich, dieses Faktum zur Kenntnis zu nehmen, hielt es für einen vorübergehenden Irrtum. Der Verlust des Sohnes war für sie lange Zeit unerträglich. Nur mit therapeutischer Hilfe konnte sie sich dieser Lebenssituation stellen.

Die zweite Phase ist oft eine Zeit intensiver psychischer Qualen. Der ganze Körper ist in Mitleidenschaft gezogen; Weinen, Lethargie, Anklage, Überaktivität, Regression in ein hilfloses Stadium sind kennzeichnend. Hilflose, hoffnungslose Verzweiflung bestimmen das Gefühl, ebenso Wut und Zorn auf die Person, die uns verlassen hat. Bei der Trauer um Verstorbene richtet sich die Wut der Hinterbliebenen manchmal auf die Ärzte, die ihn/sie nicht gerettet haben, oder auf die, die versuchen wollen zu trösten. Wut ist Bestandteil des Trauerprozesses. Wir sind wütend und hassen so, wie ein Kleinkind die Mutter hasst, die es verlässt. Und ähnlich wie bei Kindern können Wut und Hass, die »bösen« Gefühle, dazu führen, dass wir uns schuldig fühlen. Auch Schuldgefühle sind Bestandteil des Trauerprozesses: Schuldgefühle im Nachhinein, nicht liebevoll genug gewesen zu sein, egoistisch gewesen zu sein. Die Ambivalenz, dass wir da, wo wir lieben, immer auch hassen, dass Intimpartner immer auch Intimfeinde sind, ist jetzt unerträglich. Wir fühlen uns schuldig, am anderen versagt zu haben, und es ist sehr schwer, zwischen den irrationalen Schuldanteilen und solchen, die zu uns gehören, da wir im Leben immer auch schuldig werden, differenzieren zu lernen.

Eine Form des Umgangs mit Schuldgefühlen ist Idealisierung. Der/die andere wird zum besten Menschen überhaupt, eine Art Heiligsprechung findet statt, nichts Negatives darf mehr gedacht oder gesagt werden. Insbesondere gegenüber toten Eltern wird Idealisierung so zu einer Art Wiedergutmachung für das, was uns insgeheim Schuldgefühle bereitet.

Eine andere Form des Umgangs mit Schuldgefühlen sind Selbstbestrafung und Selbstvernachlässigung. »Ich habe es nicht anders verdient, ich bin nun einmal so schlecht, dass das Schicksal mir kein dauerhaftes Glück gönnt. Der Verlust bestätigt mir nur meine Wertlosigkeit.« Subtile Formen der Selbstbestrafung sind häufig in der therapeutischen Arbeit mit Frauen zu finden, deren Selbstwertgefühl aufgrund der geschlechtsspezifischen Sozialisation nicht hinreichend gestärkt und entwickelt werden konnte und sich in Trauerkrisen noch weiter reduziert.

Die Differenzierung von neurotischen Schuldgefühlen und der erwachsenen Annahme meines Anteils an Schuld und Versagen ist Bestandteil des Trauerprozesses. Die Auseinandersetzung mit Schuld-, Hass- und Wutgefühlen braucht oft lange Zeit.

Änderungen im Übergang zur dritten Trauerphase kündigen sich häufig in den Träumen an; Träume von Bäumen, die wieder Blätter bekommen, tauendes Eis, Vögel, die wieder auffliegen, sind häufige Traumsymbole in dieser Zeit. In der dritten Phase, die jetzt folgt, trauern wir auf unsere ganz spezifische Weise, setzen uns mit dem Verlust auseinander. Langsam wird aus dem Unerträglichen das, was wir tragen müssen und können. Wir passen uns den veränderten Umständen des Lebens an, können anfangen, die Wohnung umzuräumen, alte Dinge wegzutun. Langsam kehrt die Energie zurück. Wir können alte Fotos ansehen, ohne tränenblind zu werden. Das Trauern führt zu einer kreativen Rückkehr ins Leben – was nicht bedeutet, dass es nicht immer wieder Zeiten des Schmerzes und der Tränen gibt, Zeiten des bitteren Vermissens. Aber die Lebensenergie richtet sich wieder auf das Leben.

Trauerprozesse verlaufen nicht geradlinig, sondern zyklisch, alte Phasen können immer einmal wiederkehren, aber insgesamt können wir wieder leben, ohne an die Vergangenheit gebunden und fixiert zu sein.

### UNTERDRÜCKTE TRAUER

Unterbliebene oder unterdrückte Trauer kann bleibende psychische Schäden hinterlassen. Sie ist eine besondere Art von Leichengift. Verleugnete Trauer bindet Lebensenergie, lässt etwas in uns versteinern.

Kummer und Trennungsschmerz müssen durchlebt und ausgedrückt, d.h. nach außen gebracht werden. Shakespeare, einer der größten Psychologen der Literaturgeschichte, wusste dies bereits: »Gib Wort deinem Schmerz, Gram, der nicht spricht, presst das beladene Herz, bis dass es bricht.« Die Vermeidung der Trauer aus Angst, dann nur noch zu zerfließen, mit dem Weinen nicht mehr aufhören zu können, ist falsch und beinhaltet die Gefahr, dass Trauer chronisch wird. Chronifizierte Trauer führt zu einer Art Zombie-Dasein, was die Betroffenen selbst oft nicht an sich wahrnehmen. Sie sind lebendig und doch in weiten Bereichen ihrer Psyche abgestorben. Verbotene Trauer kann zu psychosomatischen Verschiebungen und Erkrankungen sowie zu psychischen Folgeschäden führen. Besonders tragisch ist verbotene Trauer für Kinder.

### VERBOTENE TRAUER

Maria F. ist Sozialtherapeutin und arbeitet seit vielen Jahren in der Psychiatrie im Suchtbereich, nur mit Männern. Sie selbst wirkt rau, burschikos, fast männlich im Aussehen und in der Kleidung. Sie nimmt an einer Selbsterfahrungsgruppe für Frauen teil, weil der Umgang mit Frauen ihr immer wieder Schwierigkeiten bereitet. Sie fände Frauen einfach »zimperlich«.

Im Verlauf der Gruppe, in einer Sequenz mit Märchenarbeit, kommt sie auf ihr Lieblingsmärchen, Aschenputtel, zu sprechen und entdeckt dann überrascht ihre eigene gänzlich unterdrückte Trauer um die früh verstorbene Mutter. Der Vater, anscheinend damit überfordert, die drei Kinder zu trösten, hatte ihnen kurzerhand »das Heulen und Jammern« verboten. Maria gehorcht, wird innerlich und äußerlich hart, sucht sich einen helfenden Beruf, dazu einen außerordentlich harten Arbeitsbereich (Drogenentzug), lehnt Frauen und alles Weiche, Weiblich-Mütterliche ab. Im Nachspüren der Trauer Aschenputtels am Grab der Mutter kann auch Maria ihre eingefrorenen Trauergefühle und das Recht auf Tränen und Trostbedürftigkeit wiederentdecken, ebenso ihre Sehnsucht nach der Mutter und nach mütterlicher Zuwendung. Der Kern ihrer »Probleme mit Frauen« und ihrer eigenen Weiblichkeit war damit für sie deutlich geworden.

Verdrängte Trauer um das, was es nicht gab, was nicht genügend vorhanden war oder zu früh verloren wurde, ist ein wichtiges Thema therapeutischer Arbeit. Unverarbeitete Verluste sind die Kernproblematik späterer Depressionen. Aber auch Trauer, die gewaltsam festgehalten wird, kann chronifizieren und das Leben schwer beeinträchtigen.

### EINE CHRONIFIZIERTE TRAUERKRISE

Frau O., 67 Jahre alt, hat vor zwei Jahren ihre 34-jährige einzige Tochter verloren. Sie starb nach einem an sich kleineren operativen Eingriff an den Folgen eines ärztlichen Behandlungsfehlers.

Frau O. ist verzweifelt. Sie hatte zu ihrer Tochter Beate, einer engagierten Kindergartenleiterin, eine außergewöhnlich enge, symbiotische Beziehung. Die unverheiratete Tochter hatte geplant, mit den Eltern zusammen ein Haus zu bauen und mit ihnen wieder zusammenzuziehen, um sie im Alter begleiten zu können. Bei ihrem Tod war der Rohbau des Hauses fertig.

Aller Zorn von Frau O. richtet sich auf das Krankenhaus und die behandelnden Ärzte, die zunächst versuchen, den Behandlungsfehler zu vertuschen. Mit Hilfe von Juristen zwingt Frau O. sie zur Offenlegung der Patientenakten, seither laufen die gerichtlichen Auseinandersetzungen. Nur wenn es um den Prozess geht, ist Frau O. lebendig. Ansonsten bestehen ihre Tage aus dem täglichen Gang zum Friedhof, wo sie das Grab ihrer Tochter mit frischen Rosen schmückt. Zu Hause brennt eine Kerze vor dem Bild der Tochter. Frau O. weint viele Stunden. Von ihrem Mann hat sie sich – wie von früheren Freunden und Bekannten – zurückgezogen, weil niemand sie in ihrem untröstlichen Kummer versteht. »Sie wollen es alle nicht mehr hören, wenn ich von Beate spreche, auch er nicht.«

Für sie ist das Leben seit dem Tod von Beate sinnlos geworden. Ihre einzige Sehnsucht ist, nach dem Tod mit ihrer Tochter wieder zusammenzukommen. Daran klammert sie sich. Ihr Hausarzt rät ihr dringend, psychotherapeutische Hilfe in Anspruch zu nehmen. Für ihn ist sie ein »tragischer Fall von chronifizierter Trauer«.

Frau O. meldet sich zwar bei mir zur Psychotherapie an, ist aber reserviert, fast widerwillig, will im Grunde keine Hilfe, die sie aus dem Zustand der Trauer herausholen könnte. Aber sie akzeptiert den Raum der therapeutischen Gespräche, um über ihre Tochter sprechen zu können. Als sie mein Interesse an ihrer Tochter spürt, bahnt sich eine Beziehung an. Da ist ein Mensch, der sich für Beate interessiert, für ihre Tochter, die ein so lebensfroher, besonderer Mensch war. Sie kann erzählen, wie es war, mit Beate schwanger zu sein, was für ein Kind die kleine Beate war. Sie bringt Fotoalben mit, kleine Geschichten, Kinderzeichnungen; alles, was mit Beate als Kind, als Jugendlicher, als Erwachsener und berufstätiger Frau zu tun hat, will sie nun erzählen.

Frau O. in ihrer Trauer um Beate kommt mir vor wie eine Wiederholung des griechischen Mythos von Demeter und Persephone. Demeter ist untröstlich über den Raub der Tochter durch Hades, den Totengott – so auch Frau O. über den Tod Beates. Der Mythos hilft mir, mich besser in die besondere Art der Beziehung zwischen Mutter und Tochter einzufühlen.

Nachdem Frau O. mir gesteht, dass sie täglich viele Stunden mit Beate spricht, ermutige ich sie, diesen Dialog mit der Tochter fortzusetzen. Bislang war es ein Monolog. Nun schlage ich ihr vor, mit der Tochter in Form der Aktiven Imagination (siehe S. 163 ff.) in einen Dialog einzutreten, die Tochter zu fragen, was sie zu der Trauer der Mutter zu sagen hat und was sie dazu meint, wie die Mutter gegenwärtig lebt. In den Dialogen tröstet die tote Tochter die Mutter, fordert sie sanft immer wieder auf, doch wieder Interesse am Leben zu haben, das Haus, das fertiggestellt ist und in dem die Mutter mit dem Vater jetzt wohnt, zu gestalten, sich um den Garten zu kümmern, Dinge zu tun, die ihr früher doch so viel Freude bereitet haben.

Nur von der toten Tochter selbst kann Frau O. diese Worte annehmen. So gelingt es langsam, eine Öffnung in ihre erstarrte Trauer zu bringen. Mit Hilfe der toten Tochter, gewissermaßen zu dritt, kann ein Zugang zu einem Trauerprozess gesucht werden, der Frau O. am Ende nicht mehr nur verzweifelt mit dem Schicksal hadern lässt, sondern ihr vielleicht wieder eine Hinwendung zu ihrem eigenen Leben ermöglichen wird.

Trauer über das nahende Ende des Lebens und über vieles, von dem jetzt Abschied genommen werden muss, kennzeichnet auch die Situation von Sterbenden.

Abschiednehmen vom Leben ist von sehr unterschiedlichen Gefühlen bestimmt: von Zorn, Wut und Auflehnung gegen das Schicksal, Schmerzen, Angst, manchmal auch von einem stillen Immer-schwächer-Werden, einem stillen Einverstanden-Sein. Letzte Wünsche brechen auf: noch einmal ans Meer fahren, den Rosenstock im Garten noch blühend erleben, die Konfirmation des Enkels noch miterleben dürfen.

Für viele Sterbende ist es am schmerzlichsten, sich von geliebten Menschen trennen zu müssen. Aber auch das Abschiednehmen von nicht gelebten Träumen und Wünschen fällt schwer. Auch das, was man im Leben nicht gehabt hat, will betrauert werden, bevor es losgelassen werden kann.

Nach den Studien von Elisabeth Kübler-Ross durchlaufen Sterbende im Zugehen auf ihren Tod verschiedene Phasen.

Die erste Phase ist gekennzeichnet von Erschrecken, Abwehr, Nicht-wahr-haben-Wollen. Der Lebenstrieb aktiviert Schutz- und Abwehrmechanismen. Der Ernst ihres Zustandes löst Angst aus, die zumeist verdrängt wird. Nach einer Zeit von Wut, Zorn und Auflehnung gegen das Schicksal folgt eine Phase der Auseinandersetzung, des Verhandelns, die Suche nach einem Aufschub des Unabwendbaren. Die nächsten Phasen sind bestimmt von Trauer, Depression und beginnender Einsicht in das Unabänderliche. Der Sterbende beginnt, loszulassen und sich vom Leben zu verabschieden. Hat ein Schwerkranker genügend Zeit, verständnisvolle Unterstützung und eine gute Schmerzbehandlung, kann er in der letzten Phase einen Zustand der Ruhe, der Zustimmung und des Einwilligens in das eigene Sterben erreichen.[45]

An dieser Stelle ein Hinweis zu den verschiedenen genannten Phasen von Krisenprozessen: Einerseits sind es hilfreiche Verstehensmodelle, sie dürfen aber andererseits nicht normativ als eine strikte lineare Abfolge von Phasen missverstanden werden. Jeder Mensch erfährt die Lebenszeit seines Sterbens als einen eigenen Prozess. Im Einzelfall kann alles anders sein, denn jeder ist ein einzigartiges Individuum.

Wie viel Chancen ein Sterbender hat, die letzte Zeit seines Lebens in Ruhe, Würde und gut betreut zu verbringen, hängt vor allem auch von dem Ort ab, an dem er ist. Hier hat in den letzten 25 Jahren die Hospizbewegung mit zahlreichen neu geschaffenen Hospizen richtungweisende Alternativen zum traditionellen Krankenhausbetrieb geschaffen.

### DIE BEGLEITUNG VON STERBENDEN

Sterbende sind in einer ganz besonderen Phase ihres Lebens. Wenn wir in die Situation kommen, sie zu begleiten, geht es vor allem darum, Anteil zu nehmen, auszuhalten, wie ein anderer Mensch auf seine Weise auf den Tod zugeht, sich vielleicht angstvoll gegen das Sterben-Müssen wehrt, wie er mit dem Tod kämpft, immer schwächer wird oder sich ganz sanft immer weiter und weiter von dem Bereich der Lebenden entfernt.

Es braucht ein feines Gespür, um herauszufinden, was ein Sterbender noch will und braucht, besonders dann, wenn er nicht mehr sprechen kann. Wenn er dazu noch fähig ist, geht es in den Gesprächen für die Begleiterin oft darum herauszufinden, was an Unerledigtem den Sterbenden vielleicht noch belastet, was er oder sie an Wünschen hat, die eventuell noch zu erfüllen sind. Die sterbende Frau A., Bewohnerin in einem Altenpflegeheim, macht sich Sorgen, ob sie wohl »anständig unter die Erde kommt«, und meint damit, ob sie wohl genügend Geld für die Beerdigung und einen ordentlichen Sarg zurückgelegt hat. Es gilt, die Angst und alle anderen Gefühle, die ein Sterbender zeigt, mit auszuhalten: das Verleugnen der Situation (»Morgen wird es mir schon wieder besser gehen«) ebenso wie sein Abschiednehmen vom Leben.

Genauso wichtig ist es zu erspüren, was ein Sterbender nicht mehr will: keine Besuche, keine weiteren Infusionen, keine neuen Behandlungen, sondern in den Rückzug gehen zu dürfen, in äußerem und innerem Frieden gelassen zu werden.

### TRAUERNDE ANGEHÖRIGE

Wenn trauernde Angehörige den Schmerz des Verlusts zulassen und den Sterbenden in den Tod loslassen können, wenn sie durch die Trauer hindurchgehen, dann können sie den

Trauerprozess durchleben und sich dem Leben wieder öffnen. So schreibt Judith Viorst: »Vielleicht ist also die einzige Wahl, die wir haben, die, uns zu entscheiden, was wir mit unseren Toten anfangen: Ob wir sterben, wenn sie sterben. Ein verkümmertes Leben führen. Oder aus dem Leiden und aus der Erinnerung zu neuen Schlüssen kommen und sie zu neuen Formen schmieden. Mit Hilfe unserer Trauer gestehen wir diesen Schmerz ein, empfinden wir diesen Schmerz, leben wir ihn aus, lösen wir uns von den Toten und nehmen sie in uns auf. Die Trauer befähigt uns dazu, die schwierigen Veränderungen zu akzeptieren, die der Verlust mit sich bringen muss – und dann nähern wir uns allmählich dem Ende der Trauer.«[46] Wenn wir dagegen aus falsch verstandener Trauer und Treue gegenüber einem Verstorbenen an unserem Schmerz festhalten, wenn das Vergangene mumifiziert wird, alles so bleiben muss wie damals – manche Witwer und Witwen neigen dazu –, dann erstickt das Leben und wird zum Totenkult.

Wenn wir uns dagegen nach der Trauerphase in Liebe und Dankbarkeit für das gewesene Gute verabschieden, vielleicht noch immer und immer wieder traurig, aber ausgesöhnt mit dem Leben als abschiedlicher Existenz und in dem Wissen, dass die Kunst zu leben zugleich auch die Kunst zu sterben ist, dann gelingt das, was Verena Kast als die vierte Phase einer gelungenen Bewältigung einer Trauerkrise beschreibt: ein neuer Welt- und Selbstbezug.

# Kapitel 11: Hilfe in Krisen – Krisenintervention

## Grundsätzliches über Krisenhilfe

Jeder kann in die Situation geraten, einem anderen in einer Notsituation beistehen zu müssen und zum Krisenhelfer zu werden. Daher ist es wichtig, die Bedingungen für hilfreiche Krisengespräche zu kennen.

### KRISENHILFE IM SOZIALEN UMFELD ODER: JEDER KANN ZUM KRISENHELFER WERDEN

In vielen Notsituationen und Krisen, die durch plötzliche lebensverändernde Ereignisse ausgelöst werden, wird oft nicht nach professioneller Hilfe gerufen, sondern es sind die Familienmitglieder, Freunde, Arbeitskolleginnen oder gute Nachbarn, die Beistand leisten müssen. Betroffene suchen oft auch bei denjenigen Rat und Hilfe, von denen sie wissen, dass sie ein ähnliches Problem hatten. Sie wenden sich häufig zunächst an Menschen, zu denen ein besonderes Vertrauensverhältnis besteht. Bei Ehe- und Beziehungsproblemen fragen Frauen häufig die beste Freundin um Rat und weihen sie in die bestehenden Probleme ein.

Manche Menschen mit ausgeprägter Empathie und hohem Einfühlungsvermögen wissen intuitiv, wie sie am besten helfen können. Sie wissen, dass Menschen in Krisen vor allem menschliche Nähe und Mitgefühl brauchen, dass die Erfahrung wichtig ist, in schicksalhaften Situationen nicht allein zu sein, dass auch Formen von Solidarität unterstützend sein können, die sich in handfester, praktischer Hilfe zeigen (z.B. einen Eintopf für die Nachbarn kochen, Briefe mit Traueranzeigen verteilen).

Kriseninterventionen gehören zum Handlungsspektrum sehr verschiedener Berufe, fallen also nicht nur in den ärztlichen und psychotherapeutischen Zuständigkeitsbereich. Eine Beratungslehrerin in der Schule wird häufig zur Konfliktregulierung hinzugezogen, ebenso wird der Pfarrer im Rahmen der Gemeindearbeit oder die Pastoralassistentin in der Krankenhausseelsorge in Krisensituationen um Hilfe gebeten. Sozialarbeiter müssen bei Krisen in Familien oft handelnd eingreifen, auch Krankenschwestern sind oft Vertrauenspersonen für

Kranke in Kliniken. Und aus Gesprächen mit Taxifahrern weiß ich, dass sich ihnen vor allem nachts manchmal Menschen mit ihren seelischen Nöten anvertrauen und sie oft ratlos sind, wie sie reagieren sollen.

Regeln, die für das Verhalten von professionellen KrisenhelferInnen gelten, können auch für die private Krisenhilfe als Modelle dienen. Aus diesem Grund beschreibe ich im Folgenden Formen, Regeln und Konzepte professioneller Krisenhilfe.

## WAS IST KRISENINTERVENTION?

Stellen Sie sich einmal folgende Situation vor: Ihre Kollegin kommt völlig aufgelöst nach der Mittagspause ins Büro zurück. Sie wollte schnell auf dem Wochenmarkt ein paar Einkäufe erledigen. Dort wurde ihr die Handtasche mit allen Schlüsseln, Ausweispapieren und dem Portemonnaie gestohlen – eine akute Krisensituation für die Betroffene. Jetzt geht es darum, rasch zu handeln.

Kriseninterventionen sind alle Formen der Hilfe und des Beistands für Menschen in Krisen. Dabei kann es sich je nach Krise und Notfall um medizinische, psychotherapeutische oder auch praktisch-instrumentelle Hilfe handeln, die von professionellen HelferInnen, sozialen Institutionen oder privaten Helferpersonen geleistet wird. Es geht entweder um Probleme im Außen (z.B. beraubt worden zu sein) oder um Probleme im Inneren (z.B. Burn-out).

Die heutige Psychologie- und Psychotherapieforschung hat ein umfangreiches Wissen erarbeitet, wie Menschen in Krisensituationen effektiv geholfen werden kann, um mit den Folgen von traumatischen und lebensverändernden Ereignissen zurechtzukommen. In allen Formen von Krisenintervention geht es darum, die akute Krise, in der ein Mensch sich befindet und die ihn aus dem Gleichgewicht gebracht hat, durchzustehen und dem Betroffenen zu helfen, die Krise zu bewältigen. Die Ziele der Krisenintervention beziehen sich auf die augenblickliche Krisensituation und sind in der Regel klar begrenzt.

Bei psychosozialen Krisen ist es wichtig, den eigentlichen Krisenauslöser herauszufinden. Wenn der Kriselnde vor Angst handlungsunfähig ist, geht es darum, zwischen ihn und die Krise zu treten, um für den Betroffenen Abstand zu schaffen.

Aktive und tatkräftige Hilfe muss zunächst Entlastung bringen, damit dann weitere Schritte aus der Krise gesucht werden können. Die Basis für alle Formen der Krisenhilfe und Unterstützung ist, mit dem Kriselnden schnell in guten Kontakt zu kommen und durch Zuwendung und Anteilnahme eine tragfähige Beziehung aufzubauen. Wenn der Betroffene sich verstanden fühlt und einen Raum bekommt, in dem er all seine Gefühle ausdrücken kann, ist das erste Ziel, eine Entlastung, erreicht.

Ein weiteres Ziel der Krisenintervention ist die Unterstützung bei der Suche nach möglichen Hilfsquellen für die Problembewältigung. Es geht dabei um Ressourcenaktivierung. Ziel der Krisenintervention ist auch die Verhütung von medizinischen, psychischen und sozialen Folgeproblemen sowie die Verhinderung der Chronifizierung einer Krise. Die Zielfrage ist immer: Was kann getan werden, um die schwierige Lage eines Betroffenen zu erleichtern bzw. zu verbessern? Es gilt: Hilfe ist das, was hilft. Dabei ist die angebotene Hilfe der Krisenintervention als Hilfe zur Selbsthilfe zu verstehen. Es geht darum, der oder dem Betroffenen zu helfen, wieder handlungsfähig zu werden und die verlorene Autonomie und Selbstwirksamkeit zurückzugewinnen.

In späteren Phasen der Krisenbewältigung kann es dann darum gehen, tiefere Zusammenhänge herauszuarbeiten, nach dem Sinn der Krise zu fragen und dem Betroffenen zu helfen, die Krise auch als mögliche Chance zu sehen und an ihr zu wachsen.

### BEDINGUNGEN FÜR HILFREICHE KRISENGESPRÄCHE

Eine Krisenhelferin sollte durch die vom Kriselnden ausgehende Angst und Panik nicht selbst in einen kritischen Zustand geraten und zur hilflosen Helferin werden. Es ist wichtig, dass sie ruhig und gelassen bleibt, bei allem Mitgefühl für die akute Not des Betroffenen. Sie sollte in der Lage sein, Sicherheit auszustrahlen, beruhigend zu wirken und dem Menschen in der Krise mit emotionaler Wärme und Wertschätzung authentisch entgegenzukommen.

Das Gespräch ist konzentriert auf die Hier-und-Jetzt-Situation und gibt dem Kriselnden die Möglichkeit, die eigene Situation, so wie er sie erlebt, darzustellen und seine Gefühle und Probleme auszusprechen. Ein Krisenhelfer ist bemüht, die Welt mit den Augen des anderen zu sehen, und spiegelt ihm zurück, wie er das, was der Hilfesuchende mitgeteilt hat, verstanden hat. Er gibt Hilfe zum Strukturieren und Ordnen der Situation, ohne eigene Bewertungen und Maßstäbe aufzudrängen.

Auch für Krisengespräche sind die Leitideen der Klientenzentrierten Gesprächsführung, die Carl Rogers, der Begründer der Gesprächspsychotherapie, entwickelt hat, wichtig:[47]

- Akzeptanz, Zuwendung und Wärme, die nicht an Bedingungen geknüpft sind,
- Verstehens- und Verbalisierungshilfe,
- Eingehen auf die Gefühle des Klienten,
- Echtheit und Kongruenz auf Seiten des Therapeuten.

Unabhängig davon, ob der Krisenhelfer eine ausgebildete Psychotherapeutin oder ein verständnisvoller Nachbar ist – für das Verhalten von Krisenhelfern sind folgende Orientierungspunkte hilfreich:

- Anteilnahme und Verständnis zeigen,
- fürsorglich sein (z.B. ein Glas Wasser bereitstellen),
- Druck beim anderen wegnehmen,
- die Gefühle – ob Angst, Zorn, Wut, Verzweiflung oder Trauer – akzeptieren und zulassen, unter Umständen aber offene Aggressivität und Affektdurchbrüche als Gefahr erkennen und Hilfe zur Kontrolle geben,
- mit dem Kriselnden in Kontakt bleiben, ihm das Gefühl nehmen, mit seinem Problem allein zu sein.

### PSYCHOTHERAPIE, BERATUNG UND KRISENINTERVENTION: UNTERSCHIEDE UND GEMEINSAMKEITEN

Sowohl Psychotherapie als auch professionelle Beratung und Krisenhilfe haben als Fundament psychologisches Grundlagenwissen und psychologische Erkenntnisse sowie ein Repertoire an psychologischen Methoden, um Menschen in ihren Veränderungsprozessen zu unterstützen und wirksame Hilfe zu leisten. Die wichtigsten Hilfsmittel sind Kommunikation und Interaktion.

Damit wird deutlich, dass Krisenhilfe und Krisenintervention nicht trennscharf von anderen Formen therapeutischer Hilfe abgegrenzt werden können. Dennoch lassen sich in Bezug auf Ziele, Dauer, Fokus und Art der Störung einige Unterscheidungsmerkmale in der professionellen Arbeit benennen.

- *Psychotherapie* zielt auf die Beseitigung von Leiden und Symptomen durch therapeutische Behandlung ab. Sie intendiert außerdem persönliches Wachstum und Entwicklung. Sie kann einige Monate oder Jahre dauern und bezieht sich auf psychische Störungen wie Neurosen, Psychosen, Verhaltensprobleme, Erlebens- und Entwicklungsstörungen.

  Der Fokus sind die Lebenssituation eines Patienten und die darin erfahrenen Probleme. Je nach therapeutischem Verfahren (z.B. tiefenpsychologisch, verhaltenstherapeutisch) ist die Therapie stärker auf Vergangenheit, Gegenwart oder Zukunft bezogen.
- Die verschiedenen Formen von *Beratung* beziehen sich auf konkrete Probleme, bei denen es um Informations- und Orientierungsbedarf geht oder um Kommunikationsprobleme (z.B. in der Eheberatung, Erziehungsberatung, Sexualberatung). Im Fokus der Beratung sind psychosoziale Problemsituationen, die in einem Beratungsprozess von mehreren Monaten angegangen werden. Beratung ist vor allem gegenwartsbezogen.
- Die Zielperspektiven der *Krisenintervention* sind vor allem das Wiederfinden des seelischen Gleichgewichts und die Bewältigung der Krise.

  Krisenintervention ist durchgängig gegenwartsbezogen, es geht nicht um Aufarbeitung von Problemen aus der Lebensgeschichte eines Menschen. Im Fokus stehen die Krise im Hier und Jetzt und mögliche Formen von Hilfe.

  Krisenintervention kann durchaus aktives, direktives Verhalten bedeuten, z.B. wenn eine Sozialarbeiterin sich um die Heimunterbringung eines sexuell missbrauchten Kindes kümmern muss. Ebenso kann – je nach Art der Krise – psychotherapeutische und medizinische Hilfe gefordert sein.

  Da Krisen sich meist auf einen zeitlichen Umfang von einigen Wochen oder Monaten erstrecken, ist die Krisenhilfe in der Regel kurzfristig und kann einen einmaligen Notfalleinsatz oder eine mehrmonatige Krisenbegleitung bedeuten.

Allen drei Formen ist gemeinsam, dass sie an den individuellen Problemlagen einzelner Menschen in ihrer jeweiligen Lebenswelt ausgerichtet sind und das Ziel verfolgen, die Ressourcen, Selbsthilfekräfte und Bewältigungskompetenzen des Hilfesuchenden zu aktivieren und zu stärken. Gemeinsam ist allen drei Formen auch die Bedeutung der Beziehung zwischen Klientin und Helferin.

Die hilfreiche Beziehung ist die Grundlage, auf der Expertenwissen und fachliche Kompetenz erst wirksam werden können. Diese Zusammenhänge sind in mehreren hundert Studien der klinischen Forschung empirisch bestätigt worden.[48] Herstellung und Aufrechterhaltung einer guten Beziehung sind die wichtigsten Faktoren für wirksame Veränderungshilfe. Von Seiten des Helfers muss die Beziehung bestimmt sein von Akzeptanz, Fähigkeiten zu Empathie und tiefem Mitgefühl sowie von Achtung der Einzigartigkeit des Hilfsbedürftigen. Auf seiner Seite braucht es Offenheit und aktive Mitarbeit und die Bereitschaft, sich mit sich selbst und seinen Problemen auseinanderzusetzen. C. G. Jung sagt: »Man muss sich mit sich selbst beschäftigen, sonst wird man nicht, sonst kann man sich gar nicht entwickeln.«[49]

### VERSCHIEDENE FORMEN DER KRISENHILFE

Das Spektrum möglicher Kriseninterventionen reicht von informierender Beratung (z. B. Schuldnerberatung bei Insolvenz) über entlastende klärende therapeutische Gespräche (z. B. bei Trennung und Ehescheidung) bis zu psychiatrischen Notfällen (z. B. Einweisung in eine Klinik bei Suizidgefahr).

Bei Katastrophen, wie z. B. Amokläufen oder schweren Verkehrsunfällen, geht es um den psychologischen Notfalleinsatz von entsprechend geschulten Therapeutinnen und Seelsorgern. Manchmal benötigen auch die Helfer (Polizei, Feuerwehrleute) Krisenhilfe, wenn sie durch einen schweren Einsatz selbst traumatisiert wurden. Bei Gewaltopfern ist häufig eine traumatherapeutische Krisenhilfe notwendig. Bei akuten Belastungsstörungen geht es um Formen von Kurzzeittherapie, die therapeutische Hilfe beim Umgang mit belastenden Symptomen geben, um Hilfe, die den Verarbeitungsprozess fördert und auch die Sicherheit und das Identitätsgefühl des Betroffenen stärken kann.

### *Kriterien einer guten Krisenhilfe*

Zu der Bereitschaft, einem anderen Menschen helfen zu wollen, müssen Kenntnisse darüber hinzukommen, worin wirksame Hilfe besteht.

#### WAS IST EIN GUTER KRISENHELFER?

Ein kompetenter Krisenhelfer kennt Lebenskrisen aus eigener Erfahrung. Er kennt die Angst des Kriselnden, kann sie wahrnehmen und verstehen, da er seine eigenen Ängste gut kennt und über eine differenzierte Selbstwahrnehmung verfügt. Er merkt, welche Gefühle in ihm selbst durch die Mitteilungen eines anderen geweckt werden, welche eigenen Lebensthemen mit berührt werden, und kann deutlich zwischen sich und seinem Gegenüber trennen.

Ein guter Krisenhelfer sucht in einer vorhandenen Krise nach den Chancen und Entwicklungsmöglichkeiten, auch wenn sie dem Menschen in der Krise noch nicht zugänglich sind.

Eine kompetente Krisenhelferin kann die Regressionstendenzen (sich nur noch klein, hilflos und unfähig zu fühlen) erkennen und auffangen. Sie holt den Betroffenen dort ab, wo er jetzt steht, und versucht, die Erwachsenenanteile im Kriselnden zu stärken.

Sie ist kreativ und manchmal auch sehr erfinderisch im Entdecken von Ressourcen und Hilfsquellen. Sie kann nah sein und ist gleichzeitig genügend gut abgegrenzt. Sie fürchtet sich nicht vor emotionalem Chaos, kann Weinen, Schreien und Schweigen mit aushalten. Sie fürchtet sich nicht in suizidalen Krisen, weil sie suizidale Impulse auch in sich kennt. Sie kann stellvertretend für den anderen die Hoffnung auf Besserung und auf einen Ausweg aus der Krise aufrechterhalten.

Eine gute Krisenhelferin ist ein ganz gewöhnlicher Mitmensch mit eigenen Problemen und schwierigen Lebensthemen.

- Am wenigsten hilfreich sind hilflose Helfer, Menschen, die selbst von negativen Gefühlen der Betroffenen »angesteckt« werden und selbst angstvoll und panisch reagieren.
- Übergroßes Mitleiden (»Ach, das macht mich ja auch völlig fertig!«) vergrößert das Leiden insgesamt und belastet die Betroffenen zusätzlich, hilft ihnen aber nicht.
- Unerwünschte Nähe, die aufgedrängt wird und nicht die Nähe- und Distanzwünsche der Betroffenen erspürt, ist unpassend (Zwangsumarmungen zeugen von mangelndem Feingefühl). Menschen, die ihr Helfersyndrom ausagieren wollen, machen den anderen zum Objekt eigener Bestrebungen.

Unpassend, ungeschickt, nicht hilfreich und falsch sind auch die folgenden Verhaltensweisen:

- eigene Ideen und Ratschläge aufnötigen (»Also, ich halte es für das Beste, wenn ...«),
- Tröstungen und Vertröstungen (»Das wird schon wieder!«),
- vom Betroffenen ablenken (»In der Familie meiner Kollegin, da ist genau das Gleiche passiert ...«),
- die Aufmerksamkeit auf sich selbst lenken (»Also, bei mir war das damals so: ...«),
- unbegrenzte Hilfeversprechungen machen, die dann nicht eingehalten werden können und Enttäuschung bewirken,
- Erörtern von medizinischen Fragen oder Fragen zur Krankenversicherung zu unpassenden Zeiten,
- Ratschläge von der Art: »Du musst jetzt vor allem positiv denken!«,
- Aufforderungen, doch »vernünftig« zu sein (solche Appelle sind höchst unvernünftig).

## EINE SPIRITUELLE ETHIK DES HELFENS

Krisenhilfe ist eine Form der Begleitung und Gefährtenschaft auf einer schwierigen Wegstrecke. Sie braucht als Basis eine Haltung, die von einem grundlegenden Wohlwollen, von Güte, Mitgefühl und Sorge um andere bestimmt ist. Dann können auch in sehr belastenden Notsituationen Nähe, Beistand und menschliche Zuwendung hilfreich und unter Umständen auch heilsam sein.

### AUFGABEN VON KRISENHELFERINNEN

Aufgabe der Krisenhelferin ist es, dem Betroffenen Zuversicht und Vertrauen in die Möglichkeit einer Problemlösung zu vermitteln und ihn auf der Basis einer tragfähigen Beziehung zu ermutigen. Im Krisengespräch hat sie die Funktion zu strukturieren, zu ordnen, zu verstehen und mit dem Betroffenen die notwendigen Hilfsmittel und erforderlichen Ressourcen abzuklären, vor allem aber beruhigend und spannungsmindernd auf den Gesprächspartner einzuwirken. Während bei den »lauten« Krisen, wenn ein Mensch ganz von Gefühlen überwältigt ist, eher Beruhigung im Vordergrund steht, erfordern »stille« Krisen eine Aktivierung des Betroffenen, geht es darum, ihn mit seinen Gefühlen in spürbaren Kontakt zu bringen.

Durch Zuwendung und Ermutigung seitens der Beraterin sollen die Ich-Kräfte eines geschwächten Klienten gestärkt und sein Selbstwertgefühl wieder stabilisiert werden. Aktives, problemfokussierendes Zuhören soll dem Kriselnden helfen, mit seiner Krisensituation anders in Kontakt zu kommen, und zwar so, dass nicht mehr die Krise den Betroffenen total im Griff hat, sondern er oder sie sich der Krise stellen und mit ihr umgehen lernen kann.

Bei manchen Problemen gehören Informationsvermittlung und Aufklärung zu den Aufgaben, z.B. bei der Schuldnerberatung oder der Schwangerschaftskonfliktberatung. Auch die Vermittlung und Zusammenarbeit mit anderen psychosozialen Diensten und Organisationen – z.B. Sozialamt und Jugendamt, Polizei bei Gewaltopfern, Psychiatrie bei Suizidgefährdung – können notwendig sein.

Menschen in einer akuten Krise geht oft das Gefühl für die Zeit verloren. Hier muss unter Umständen der Krisenhelfer die notwendigen Zeitperspektiven im Auge haben. Ursula Straumann[50] schlägt vor, sich unter anderem an folgenden Fragen zu orientieren:

1. Was ist gegenwärtig das Hauptproblem des Kriselnden?
2. Was löste die Krise gerade zum jetzigen Zeitpunkt aus?
3. Mit welchen der gegenwärtig akuten Probleme muss man

sich vorrangig beschäftigen, um negative Folgeprobleme zu verhüten? Was hat noch Zeit?
4. Was ist das vordringlichste gesundheitliche Problem, was das seelische?
5. Welche Probleme sind leicht und schnell anzugehen (z.B. das Einholen von Informationen)?
6. Welche Ressourcen stehen dem Kriselnden zur Verfügung?
7. Welche besonderen Schwierigkeiten stehen bei der Problemlösung im Wege?

Zur Aufgabe eines professionellen Krisenberaters gehört auch, die Suizidalitätsgefahr des Kriselnden abzuschätzen und für eine eventuell erforderliche Suizidprophylaxe zu sorgen. Dazu ist es unter Umständen wichtig, nach früheren Krisen und deren Verlauf zu fragen.

Neben der Problemanalyse, der Unterstützung und Ich-Stärkung sowie der Begleitung durch die Krise hindurch muss eine Krisenhelferin oft stellvertretend das Prinzip Hoffnung in die Situation einbringen, muss trösten können ohne falsche Vertröstung. Trösten ist keine kommunikative Technik. Trost ist eine Herzenssache. Nur ein aus tiefem Mitgefühl des Herzens kommender Trost ist hilfreich. Das Dasein und die Präsenz der Krisenhelferin sollten dem Kriselnden ein Containing, d.h. einen geschützten Raum der Geborgenheit, zur Verfügung stellen, in dem dieser sich mit all seiner Not, seinem Leid und allen Gefühlen gut aufgehoben erlebt. Kurz gesagt: Ein Krisenhelfer oder eine Krisenhelferin muss im Sinne Martin Bubers ein wirkliches Du sein.

### MIT WELCHEN PSYCHISCHEN REAKTIONEN MÜSSEN KRISENHELFERINNEN RECHNEN?

Menschen in Krisensituationen können in ihrer normalen Reaktionsfähigkeit sehr eingeschränkt sein. Sie können verwirrt und wie kopflos sein, sind z.B. nach einem Unfall nicht in der Lage, konkrete Angaben zu machen. Sie können aus Angst ganz starr werden oder sich aus einem Gefühl der Bedrohung heraus innerlich verkriechen; nach einem Schock können sie wie betäubt, apathisch und teilnahmslos sein, unfähig, auf Ansprache zu reagieren. Umgekehrt gibt es bei manchen Menschen unter der Stresswirkung der Krise extrem hohe Erregungszustände und manchmal aggressive Formen von Erregungsabfuhr wie Um-sich-Schlagen, Treten, lautes Schimpfen und Schreien.

Im Zustand des emotionalen Chaos kann es zu ausbruchsartigem Schluchzen, Weinen oder Lachen kommen oder zu paradoxen Übersprungshandlungen, z.B. einem wilden Herumsuchen in der Handtasche. Bei manchen Menschen zeigen sich ihre Gefühle von Hilflosigkeit und Ohnmacht in kindlich abhängigem, regressivem Verhalten. Es ist wichtig, dass Krisenhelfer diese Verhaltensweisen als Reaktionen auf die Krise verstehen und zuordnen können und sich nicht davon »anstecken« oder erschrecken lassen.

Das Ausmaß der Beeinträchtigung eines Menschen in einer Krisensituation hängt davon ab, wie sehr seine gesamte Lebenssituation von dem kritischen Ereignis tangiert ist, wie verletzbar er einerseits ist und über welche seelischen Widerstandskräfte er verfügen kann (siehe auch die Erklärungen zu Vulnerabilität und Resilienz in Kapitel 1 »Was sind psychische Krisen?«, S. 11 ff.). Das Ausmaß und die Dramatik einer Krise können sehr unterschiedlich sein.

### ABLAUF EINER KRISENINTERVENTION: DAS BELLA-KRISENKONZEPT

Für den Prozess der Krisenintervention hat G. Sonneck[51] ein gut verständliches Interventionskonzept mit dem Namen »BELLA« entwickelt. Die Buchstaben stehen für:

B – Beziehung aufbauen
E – Erfassen der Situation
L – Linderung der Symptomatik
L – Leute einbeziehen, die helfen und unterstützen können
A – Ansatz zur Problembewältigung

Die Krisenhelferin bemüht sich, eine Anfangssituation so zu gestalten, dass der Ratsuchende sich angenommen fühlt und sich auf eine helfende *Beziehung* einlassen kann.

*Erfassen der Situation* bedeutet, die Gründe für das Kommen des Klienten, seine gegenwärtigen Lebensverhältnisse und die aktuelle Krisensituation zu eruieren.

Zur *Linderung der Symptomatik* gehört das Eingehen auf die jeweiligen Probleme des Betroffenen.

»*Leute einbeziehen*« bezieht sich auf die personalen Ressourcen eines Menschen. Konkret geht es um die Frage: Wer kann zur Unterstützung mit einbezogen werden? Gemeint sind auch Institutionen, Selbsthilfegruppen, juristischer Beistand u.Ä.

Beim *Ansatz zur Problembewältigung* geht es zunächst um die Definition des Problems, um die Bedeutung, die das Problem auf verschiedenen Ebenen hat (emotional, kognitiv, verhaltensmäßig), sowie um die Abklärung einer gemeinsamen Zielperspektive.

### DAS BEENDEN DER KRISENHILFE

Eine Krisenintervention kann beendet werden, wenn der Betroffene sich wieder zutraut, seine Probleme selbst zu bewältigen und die nächsten Schritte zu gehen. Die Hilfe in Trauerkrisen nimmt dabei häufig mehr Zeit in Anspruch als andere Krisentypen.

Die Trennung von einem vertrauten Krisenhelfer fällt oft nicht leicht und sollte daher vom professionellen Krisenbegleiter vorsichtig eingeleitet werden. Wichtig ist eine klar vereinbarte Abschlussstunde, in der beide nochmals auf die bewältigte Wegstrecke zurückschauen. Eine Nachbesprechung, für die ein Termin in einigen Monaten ausgemacht wird, kann die Trennung erleichtern. In manchen Fällen ist eine anschließende Psychotherapie sinnvoll, um an grundlegenderen Lebensproblemen zu arbeiten, die über den eng begrenzten Rahmen einer Krisenintervention hinausgehen.

### MODERNE ZEITEN: KRISENHILFE ONLINE

Die wachsende Bedeutung des Internets für das heutige Leben macht sich auch in den Nutzungsdaten der Online-Beratungsangebote bemerkbar. Chats, themenspezifische Foren und webbasierte E-Mail-Beratung sind ständig verfügbar. Die Hemmschwelle, sich Hilfe zu suchen, ist wie bei der Telefonseelsorge aufgrund der Anonymität niedrig.

Inzwischen gibt es ein breit gefächertes Angebot von Online-Beratungsdiensten. Auch die etablierten Institutionen der psychosozialen Beratung und Krisenzentren bieten über Internet für viele verschiedene Problemfelder Hilfe an.

Online-Beratung hat spezifische Vor- und Nachteile. Als nachteilig ist vor allem anzusehen:

- kein persönlicher Kontakt, fehlende Nähe,
- Beschränkung der Kommunikation auf schriftliche Mitteilungen,
- Unklarheit und unter Umständen Unsicherheit in Bezug auf die fachliche Kompetenz der Anbieter und ihre ethischen Standards bei der Beratung.

Vorteile sind zweifellos:

- der leichte Zugang,
- Verfügbarkeit rund um die Uhr,
- Anonymität,
- sich in einem gewohnten Medium zu bewegen (dies gilt insbesondere für jüngere Menschen).

Inzwischen hat sich die mediengestützte Krisenhilfe längst etabliert. Link-Tipp: www.das-beratungsnetz.de.

# Teil II
# Die Seele stärken – praktische Hilfen

## *Kapitel 1: Mit Symbolen die Seele stärken*[52]

### Was ist ein Symbol?

Symbole sind Sinnbilder. Sie entstehen, wenn ein äußeres Objekt mit einem geistigen Inhalt, einem Sinn oder einer Bedeutung zusammengebracht wird. Jeder Gegenstand, jede Geste, jede Verhaltensweise kann symbolisch besetzt werden und Bedeutung gewinnen. So hat die kleine Geste, zur Begrüßung die offene Hand zu reichen, die uralte Bedeutung: »Ich komme ohne Waffe, bin dir nicht feindlich gesinnt, habe nichts gegen dich in der Hand.«

Symbole sind die »Zeichensprache der Seele«. Mit ihrer Hilfe wird die komplexe innere Welt von Erfahrungen, Gefühlen, Ahnungen und Erkenntnissen fassbar und vermittelbar. Die bildhafte Sprache der Symbole vermag die Vielschichtigkeit und Ganzheitlichkeit unserer Erfahrungen auszudrücken. Treffend wird dies deutlich in dem bekannten Satz: »Ein Bild sagt mehr als tausend Worte.« Zum Beispiel kann ein Seelenzustand innerer Leere, des Ausgetrocknetseins, der Orientierungslosigkeit und Lebensbedrohung treffend durch das Bild der Wüste symbolisiert werden. Der Frühlingsbaum dagegen, der nach dem Winter – einer Zeit, in der er wie tot erschien – wieder neu austreibt und blüht, kann ein Symbol der Lebenskraft sein, die Stagnation und Erstarrung überwindet. Symbole sind Brücken zwischen der äußeren Welt und der Welt des Geistigen. Dies wird auch durch den Begriff »Symbol« zum Ausdruck gebracht, der sich ableitet von griech. *symbállein*: zusammenwerfen, zusammenhalten. Ein »Symbol« bringt etwas zusammen, das eine Ganzheit bildet: ein äußeres Bild und einen Sinnkontext. Es ist ein sichtbares Zeichen einer nichtsichtbaren Wirklichkeit, mit der es in einem inneren Bezug steht.

Die Grundfunktion der Symbole ist es, vielfältige Aspekte einer sehr komplexen Realität zusammenzufassen. Mit Hilfe von Symbolisierungen konstruiert der Mensch seine Wirklichkeit und vermag ihr Sinn zu verleihen. »Symbolisieren meint also einmal, vordergründige Wirklichkeit auf eine hintergründige Wirklichkeit hin zu befragen, auf der anderen Seite, die vordergründige Wirklichkeit im Spiegel dieser uns unbekannten hintergründigen Wirklichkeit zu betrachten.«[53]

Symbole sind mehr als bloße Zeichen. Symbole sind energetisch hoch aufgeladen und mobilisieren seelische Energien in Form von Gefühlen. Viele Menschen wundern sich, wenn sie merken, wie sehr der Umgang mit Symbolen im Alltag mit heftigen Gefühlsreaktionen verbunden sein kann, z.B. wenn Fans sich begeistert mit den Insignien ihres Fußballvereins schmücken, die Diskussion über Kopftuch oder Minarett zu ideologischem Streit ausartet oder wenn voll Hass die Nationalfahnen anderer Länder verbrannt werden. Hieran wird deutlich, wie »aufgeladen« mit seelischen Energien Symbole sein können. Zur Verdeutlichung zwei kleine Alltagsszenen:

Ein Blumenstrauß, der nach einem Konzert einer Künstlerin überreicht wird, drückt Anerkennung, Verehrung, Dank für die mit dem Konzert bereitete Freude aus und soll umgekehrt auch der Künstlerin Freude bereiten.

Ganz anders reagieren wir, wenn wir auf einer Hauswand Schmierereien mit Hakenkreuzen entdecken. Dieses Symbol aus dem nationalsozialistischen Kontext weckt Zorn, Empörung und unter Umständen Angst vor rechtsradikalen Umtrieben.

Symbole berühren und inspirieren uns. Sie begegnen uns überall in der Alltagswelt, in Kunst, Kultur und Religion, in politischen Kampagnen, in der Werbung, in Filmen, in den Mythen und Märchen der Welt und ebenso in unseren Träumen. Alle wichtigen Ereignisse im menschlichen Leben werden begleitet und gestaltet von Symbolen und symbolischen Handlungen. Auch wenn unsere Welt scheinbar so technisch und rational geworden ist, ist sie durchwoben von uralten Symbolen, Mythen und Bildern. Symbolerfahrung, Symbolschaffung und Symbolverständnis gehören wesentlich zum Menschen. Die Symbolik ist eine universale Sprache, die allen Menschen gemeinsam ist. Die Erfahrungsschätze der Menschheit, ihrer Kulturen und Religionen, lassen sich nur in ihren Sinnbildern, ihren Symbolen und symbolischen Ritualen erschließen, die psychische, geistige und spirituelle Dimensionen mit umfassen.

Moderne Theorien über Sinn und Bedeutung des Symbolischen korrespondieren wesentlich mit den Entdeckungen von Carl Gustav Jung. Im Verständnis der von ihm entwickelten Analytischen Psychologie tragen Symbole unbewusste seelische Inhalte an das Bewusstsein heran und bilden ein machtvolles, dynamisierendes Element in unserem Leben: Symbole berühren und beeinflussen die verschiedensten Bereiche der menschlichen Persönlichkeit. Sie wirken auf unser Denken und Fühlen, die Wahrnehmung, Intuition und Phantasie, auf Bedürfnisse und Triebe sowie auf unser Bewusstsein und unser Unbewusstes. Die Wirksamkeit von Symbolen wird auch in Werbung und Politik geschickt genutzt.

Symbole können uns sowohl von außen als auch von innen beeinflussen. Ein von außen kommendes Symbol kann uns tief berühren, z. B. eine getrocknete Rose, die uns ein geliebter Mensch vor Jahren geschenkt hat und die wir aufheben, auch wenn ihre ursprüngliche Farbe nicht mehr zu erkennen ist. Von innen kommende Symbole wie z. B. Traumbilder bringen unbewusste Inhalte allmählich an das Bewusstsein. Das Symbol wirkt dabei als ein Vermittler zwischen den verschiedenen Bewusstseinsebenen.

Für die Symbolpsychologie ist nicht entscheidend, in welchen Kontexten Symbole auftreten und von Menschen erfahren werden: in der Alltagswelt, in Träumen, Phantasien, in der Kunst, der Dichtung, Religion. Die Psychologie fragt nach ihren spezifischen Wirkungen und existentiellen Bedeutungen. Wann immer Menschen Symbole gestalten und erfahren, kann die jeweilige Situation existentiellen Bezug gewinnen.[54] Ein Symbol muss emotional bedeutsam werden, man muss in wirklichen »Fühl-Kontakt« mit ihm treten, so dass es seine Wirkung entfalten, mich ansprechen und mir eine Botschaft vermitteln kann. Wenn ich mich auf ein Symbol wirklich einlasse, mich ihm öffne, kann ich erfahren, was es in mir wachruft, welche seelische Resonanz es hat und welche Sinngehalte es mir nahebringt. Über das Symbolerleben erfahren wir etwas über uns selbst und erweitern unser Selbst- und Weltverständnis.

### *Symbolarbeit: Wie man sich auf Symbole einlassen kann*

In der Symbolarbeit richten wir das Gewahrsein auf die inneren Bilder mit dem Ziel, dem Bewusstsein kreative, korrigierende und weiterführende Impulse aus dem Unbewussten verfügbar zu machen. C. G. Jung hat die unterstützende und heilsame Wirkung der Bilder und Symbole für die therapeutische Arbeit entdeckt und weiterentwickelt. Auch der Göttinger Arzt und Psychoanalytiker Hanscarl Leuner hat in seinem Verfahren des »Katathymen Bilderlebens« (KIP: Katathym-imaginative Psychotherapie) eine spezifische Vorgehensweise der kreativ-imaginativen Arbeit mit spezifischen Bildmotiven entwickelt.

Symbolarbeit dient der Bewusstseinserweiterung und Selbsterkenntnis. In der Auseinandersetzung mit Symbolen können unbewusste Aspekte erkannt werden, die Hinweise zur gegenwärtigen Problematik geben, den lebensgeschichtlichen Kontext verdeutlichen oder hilfreiche Lösungsansätzen vermitteln können. Ein Beispiel:

In einer Therapiegruppe wurde das Thema »Baum« als Malaufgabe gestellt. In der Besprechung des von ihr gemalten Bildes wird Frau J. bewusst, wie stark ihr Lebensgefühl von Einsamkeit und Isolation bestimmt wird und wie ausgeprägt ihre Kontaktprobleme und sozialen Ängste sind. Ihr Baum, schmächtig und klein, steht »allein auf weiter Flur«.

Die Arbeit mit Bildern, Symbolen und Imaginationen ist keineswegs der therapeutischen Nutzung im Rahmen der Psychotherapie vorbehalten. Jeder kann aus dieser Methode Nutzen ziehen: »Grundsätzlich kann sich jeder Mensch, der einen inneren Draht zu Phantasiereisen, bildhaftem Denken und Imaginationen hat oder zu entwickeln vermag, dieser Methoden bedienen. Ihr Einsatzzweck im Alltag ist Streben nach Entspannung, Selbsterkenntnis, die Regelung psychischer wie körperlicher Stresszustände oder das Mehren von Wohlbefinden.«[55]

Die Beschäftigung mit Symbolen fördert den Dialog zwischen Bewusstem und Unbewusstem, kann innerlich beleben, die selbstregulativen Kräfte der Psyche anregen und neue eigene Bilder und Erkenntnisse evozieren. Dabei bietet die Welt des Symbolischen einen Schatz an inneren Bildern, die sich gerade auch in schwierigen Zeiten und in Krisen als hilfreich erweisen können.

Schon die Sprache bietet hilfreiche symbolische Bilder an, um einen inneren Krisenzustand zu beschreiben: »Das bereitet mir enorm Kopfzerbrechen«, »Wenn ich daran denke, werde ich total sauer«, »Immer wieder kommen mir die Tränen – ich bin doch sonst nicht so nahe am Wasser gebaut«, »Seit dieser schlimmen Nachricht ist in mir alles wie versteinert«. Über die Welt des Symbolischen können aber vor allem selbstheilende und schöpferische Kräfte der Seele geweckt werden, die in schwierigen Lebenssituationen bei Wandlungen und Problemlösungen helfen. »Am Symbol werden unsere ganz speziellen aktuellen Schwierigkeiten sichtbar, aber auch unsere ganz besonderen Lebens- und Entwicklungsmöglichkeiten; in den Schwierigkeiten liegen auch die Entwicklungsmöglichkeiten.«[56] Ein Gang durch ein Labyrinth z.B. kann die Erfahrung vermitteln, wie viel Geduld es braucht, erst nach etlichen Umkreisungen zur Mitte, zum Kern eines Problems, zu gelangen.

### *Krisenhilfe durch Arbeit mit Symbolen*

Symbole können helfen, mit sich und der Welt wieder in Einklang zu kommen, aus der Ruhe- und Rastlosigkeit mancher Krisensituationen wieder in die eigene Mitte zu kommen. Das meditative Sich-Einlassen auf Weg, Baum, Quelle, Regenbogen, Berg und andere konkrete Symbole, die im nachfolgenden Kapitel vorgestellt werden, kann tröstende und stärkende Hinweise zur Orientierung bieten und kreative und schöpferische Kräfte zur Selbsterkenntnis und Krisenbewältigung anregen.

Positiv getönte Bilder und Imaginationen können Gefühle und Gedanken in Richtung auf Selbstakzeptanz und Lebensbejahung ändern. Es ist bekannt, dass Visualisieren und Imaginieren die gleichen neuronalen Netzwerke aktivieren wie sinnliche Wahrnehmung und körperliche Reize. Sportler z.B. bereiten sich mit Hilfe von Visualisierungen so auf den Wettkampf vor. Die dabei entstehenden inneren Bilder und Botschaften sind nichts bewusst Konstruiertes. Jolande Jacobi kommentiert: »Das uns so Geoffenbarte ist nichts Erdachtes und Spekuliertes, aus dem Bereich des Bewusstseins Stammendes, sondern eine Botschaft von der ›anderen Seite‹ unserer Seele, aus dem grenzenlosen Land des Unbewussten, in dem alle Bilder ihren Ursprung haben. [...] Was ein Bild aus dem Unbewussten vor allem charakterisiert und was uns interessiert, ist also eben jenes in ihm enthaltene Element, das mit dem Bewusstsein nur begrenzt fassbar und ausdrückbar ist und uns von den emotionalen Hintergründen der Psyche Kunde bringt.«[57]

Ein lebendiges Symbol wirkt heilsam und anregend aus sich heraus; um es aber in seiner ganzen Wirkung zu entfalten, ist es wichtig, seinen Sinn und seine Bedeutung zu erschließen, sodass eine Integration des Symbols in das Bewusstsein und in die jeweilige Lebenssituation möglich wird. So wird das Symbol zu einer Botschaft, die dem Denken, Fühlen und Erleben neue, erweiterte Perspektiven hinzufügt. Das Symbol kann so zu einem inneren Leitbild werden.

Es bedarf aber eines besonderen Sich-Einlassens auf die Symbole, damit sie ihre Wirkungen entfalten können. Symbole müssen wahr-genommen werden, d.h. mit allen zur Verfügung stehenden Wahrnehmungsmöglichkeiten erkundet werden: sinnlich, mental, imaginativ, intuitiv. Je vielfältiger man ein Symbol erkundet, desto mehr klingt an und auf, desto reicher werden die erkennbaren Bezüge zur eigenen Lebenssituation: Man kann ein persönlich bedeutsames Symbol malen, es aus Ton formen oder einen kurzen Text dazu schreiben. Symbole können imaginiert werden, d.h. man kann ein Symbol in der Phantasie gestalten und sich ganz in diese Vorstellung hineinbegeben (C.G. Jung hat hier eine besondere Methode, die sogenannte Aktive Imagination, entwickelt). Symbole können auch beim Lesen eines Gedichtes oder Märchens erlebt werden, ebenso beim Nachspüren und Erzählen eines Traumes. Im nachfolgenden Kapitel werde ich Sie einladen, einige dieser Möglichkeiten auszuprobieren.

Symbole können uns helfen, Unbewusstes bewusst zu machen, Konflikte zu erkennen und zu überwinden. Sie erschließen uns neue Lebensperspektiven, fördern und begleiten unseren Individuationsprozess. Wenn wir lernen, auf die innere Resonanz zu achten, die Symbole in uns hervorrufen, finden wir Zugang zu den heilenden und schöpferischen Kräften unserer Psyche. Symbole sind »Medien zu den Ufern des schöpferischen Erfassens und der Erfahrung einer größeren und tieferen Wirklichkeit, die im symbolischen Bilde immer wieder neue Aspekte zeigt.«[58] Letztlich bleibt die seelische Wirkung eines Symbols etwas Geheimnisvolles. Das betont auch Detlef-Ingo Lauf: »Es verbindet mit den archetypischen Tiefenschichten der Seele, es verbindet und es führt uns selbst auf unser Selbst zurück.«[59]

Immer wenn wir uns um unsere Innenwelt und ihre innere Ordnung bemühen, wenn wir versuchen, hinter die Dinge zu schauen, können wir entdecken, wie hinter der wahrnehmbaren Welt eine Welt von Sinn und Bedeutung aufscheint: die Tiefgründigkeit oder Hintergründigkeit des Lebens. Wenn wir sie sprechen lassen und nicht auf einer konkretistischen Ebene stehen bleiben, ermöglichen Symbole den Zugang zu dieser tieferen Wirklichkeit. Es gilt dann, mithilfe der Symbole wieder zu unseren eigenen tieferen Wahrheiten zu finden, die uns in Krisenzeiten Orientierung und Halt geben können.

Symbole sind auch wichtige Begleiter auf dem Weg zu spirituellen und transpersonalen Erfahrungen. Sie inspirieren, schenken Visionen von neuen Zielen und Aufgaben und können so helfen, schwierige Lebensphasen zu bewältigen. »Denn«, so Wolfgang Bauer in seinem Symbollexikon, »das Schöpfen aus dem unerschöpflichen Brunnen der Mythen und Symbole allein scheint es zu sein, was uns befähigt, uns und unsere Welt zu verwandeln und uns und die Welt immer wieder neu sehen, befreien und bestaunen zu können.«[60]

### *Hilfreiche Symbole entdecken*

In den folgenden kurzen Kapiteln finden Sie eine Sammlung von Symbolen, die in Krisen und schwierigen Lebenssituationen besonders hilfreich und aufschlussreich sein können. Sie können dazu dienen, sich selbst zu erkunden, die aktuelle Lebenssituation näher zu untersuchen und auf einer tieferen Ebene zu begreifen, welche Entwicklungsanforderungen und Lebensthemen gegenwärtig anstehen. Sich selbst im Spiegel eines Symbols wiederzuentdecken oder ein persönliches Problem deutlicher fassen zu können, kann gerade in Krisensituationen, wenn das klare Nachdenken erschwert ist, eine besondere Form von Hilfe sein. C.G. Jung verweist immer wieder darauf, dass die Botschaften des Unbewussten in seiner symbolischen Sprache dazu einladen, mit sich selbst zu experimentieren, Neues auszuprobieren, aus Erstarrungen wieder in den Fluss des Lebens zu kommen und so schöpferisch die eigene Existenz zu gestalten.[61] Mit ihrer Hilfe können wir lernen, die Anforderungen, die das Leben uns stellt, anzunehmen und zu bestehen.

Das Bedeutungsumfeld von Symbolen wie Weg, Haus, Baum usw. wird durch Beschreibungen und Hinweise aus Mythologie, Literatur, Symbolpsychologie und Kulturgeschichte aufgezeigt. In der Jung'schen Psychologie wird dies »Symbolamplifikation« genannt. Für Ihre persönliche Symbolarbeit finden Sie Anregungen und Übungsangebote.

Wählen Sie mit Hilfe Ihrer Intuition die Symbole aus, die Sie besonders ansprechen, und lassen Sie dann Ihre eigenen spontanen Einfälle, Assoziationen, Gefühle und Phantasien zu. Das freie Assoziieren und Umkreisen des Symbols belebt das Symbol, lässt es energetisch wirksam werden und schafft so eine Brücke für den inneren Dialog zwischen Bewusstem und Unbewusstem. Besonders hilfreich ist immer auch das kreative Gestalten durch Malen, Zeichnen, Formen, Imaginieren (siehe die Hinweise zur Aktiven Imagination auf S. 163 ff.) oder auch Schreiben – ohne alle kritische Bewertung. Es regt die eigenen schöpferischen Kräfte an und führt nicht selten zu spontanen Einsichten und erweitertem Verstehen, manchmal auch zu spontanen Lösungen.

Die folgenden Schlüsselfragen[62] können Ihnen bei der Übertragung Ihrer persönlichen Symbolarbeit auf Ihre gegenwärtige Krisen- bzw. Alltagssituation helfen:

- Was ist die Botschaft des Unbewussten für mich im Hier und Jetzt?
- Wozu fordert mich das Symbol auf, wozu ermutigt es?
- Was kann ich über mich selbst im Spiegel des Symbols erfahren?
- In welchen Lebensbereichen geht es um Veränderungen? Geht es um zu verändernde Sichtweisen, Haltungen, Werte und Einstellungen oder um neue Verhaltensweisen?

- Welche konkreten Schritte der Umsetzung, des Transfers in reale Alltagssituationen stehen vielleicht an?

Probieren Sie es nun selbst aus: Wählen Sie aus der in den nächsten Kapiteln angebotenen Sammlung von Symbolen aus. Lesen Sie sich zunächst die Beschreibungen durch und achten Sie darauf, bei welchem der Symbole etwas in Ihnen in Resonanz kommt. Nehmen Sie dann dieses Symbol, das Sie besonders angesprochen hat, und lassen Sie sich mit Hilfe der jeweils angebotenen Methode ganz auf es ein.

# *Kapitel 2: Der Weg*
## *Unterwegs auf den Straßen des Lebens*

Der Mensch ist ein »homo viator«, ein Wesen auf dem Weg – durch Räume und Zeiten. Den Zeitraum zwischen Geburt und Tod nennen wir den Lebens*weg* eines Menschen. Immer sind wir unterwegs und im Übergang: von der Kindheit zur Jugend, von dort in die Lebenszeit des Erwachsenen, von der Lebensmitte zum Alter, vom Alter auf den Weg zu Sterben und Tod.

Unsere Sprache bietet uns eine große Vielfalt an Bezeichnungen für die verschiedenen Arten von Wegen, auf denen wir unterwegs sein können. Es gibt Hinwege, Rückwege, Umwege, Schleichwege, Wanderwege, Höhenwege, Rundwege, Scheidewege, Pilgerwege, Luftwege, Fluchtwege, Rettungswege, Irrwege, Holzwege, Auswege; es gibt Hauptstraßen, Nebenstraßen, Fernstraßen, Sackgassen, Dschungelpfade, Wegkreuzungen, Abzweigungen. Wir kennen ferner Stege, Pfade, Gassen und Straßen als Ortsbezeichnungen. Und der Weg selbst, der beschritten wird, kann bequem oder steinig sein, sicher und mit Wegweisern gut ausgeschildert oder unsicher und unübersichtlich, gut gepflastert oder dornig und zugewachsen. Der Weg führt uns zum Ziel oder an einen Abgrund.

Menschen bewegen sich sehr unterschiedlich auf ihren Lebenswegen. Manche hetzen immerzu von Etappe zu Etappe, andere bummeln und kommen nicht voran, verlieren gar ihr Ziel aus den Augen. Manche werden atemlos von ihrem Lebenstempo, andere ermüden oder brechen zusammen unter Lasten, die zu schwer für sie sind. Menschen können sich auf unterschiedliche Weise auf den Weg machen: in Vorfreude auf etwas Neues, vielleicht gar Langersehntes, mit Abenteuerlust, oder ängstlich, wenn es darum geht, das Vertraute, Gewohnte und Sicherheit Gebende loszulassen.

Für die Christen hat das überlieferte Jesuswort: »Ich bin der Weg, die Wahrheit und das Leben« (Joh 14,6) eine tiefe Bedeutung. Im Buddhismus ist die zentrale Lehre der achtfache Pfad als Weg zur Erleuchtung, wie ihn der Buddha lehrte.

Sich auf den Weg zu machen kann bedeuten, ins Ungewisse zu gehen, nicht zu wissen, wo der Weg weitergeht und was auf mich zukommt. Es kann aber auch befreiend sein, einen neuen Weg zu suchen, Unbekanntes zu entdecken und dabei zu erfahren, wie die Seele wieder weit wird und das Herz befreiter ist. Hermann Hesse beschreibt dies in seinem berühmten Gedicht *Stufen*:

> Kaum sind wir heimisch einem Lebenskreise
> Und traulich eingewohnt, so droht Erschlaffen,
> Nur wer bereit zu Aufbruch ist und Reise,
> Mag lähmender Gewöhnung sich entraffen.[63]

Viele Menschen suchen heute wieder Erfahrungen des Unterwegsseins auf den alten Pilgerwegen – um bei sich selbst wieder anzukommen, über ihren Lebensweg jenseits von Alltagsroutine nachdenken zu können und um eventuell andere Lebensziele und Orientierungen zu finden. Wallfahrten und Pilgerschaften zu heiligen Orten zählen seit Jahrtausenden zu den Ritualen aller religiösen Traditionen. Eine besondere Anziehung hat für heutige Menschen wieder der Pilgerweg nach Santiago de Compostella. Es gibt zahlreiche Berichte von Menschen über ihre Erfahrungen auf diesem Pilgerweg.

Der Weg als Symbol des Lebens umfasst alles, was uns geschieht, was wir wahrnehmen, was uns begegnet, was wir erfahren, erleben, erleiden, was wir wagen und was uns widerfährt. Zum Unterwegssein auf Ziele hin gehört das Innehalten, Rasten, Sich-Orten und Orientieren. Zum Nachdenken über den Lebensweg gehört auch die Frage: »Welche Spur hinterlasse ich denn?« Hierzu gibt es eine anrührende afrikanische Geschichte:

### RAFIKIS ZEICHEN[64]

Ein Mann schickt seine zwei Söhne mit dem Auftrag aus, sich in der Welt umzusehen und dabei Zeichen am Weg zu hinterlassen. Der eine Sohn befolgt den Auftrag des Vaters strikt wörtlich, knüpft Knoten in Grasbüschel, macht Zeichen an Zweige und ist so damit beschäftigt, dass er keine Zeit findet für Kontakte mit den Menschen in den Dörfern, durch die er kommt. Anders der zweite Sohn. Er nimmt sich Zeit für Gespräche im Palaverhaus, macht sich bekannt mit den Dorfbewohnern, die er auf seinem Weg trifft.

Nach ihrer Rückkehr geht der Vater mit beiden Söhnen nochmals die Wege ab, die sie jeweils gegangen sind. Überall wird der zweite Sohn herzlich aufgenommen; den ersten kennt niemand, denn er hatte das Wichtigste vergessen: Zeichen in den Herzen der Menschen zu hinterlassen.

Zur Wegsymbolik gehören auch die Themen der Begegnungen auf dem Lebensweg und die Frage nach der GefährtInnenschaft.

## Übung: Unterwegs auf dem Lebensweg

Lassen Sie sich von den folgenden Hinweisen anregen, über Ihr eigenes Unterwegssein auf Ihrem Lebensweg und Ihre gegenwärtigen Erfahrungen mit schwierigen Wegabschnitten nachzudenken.

- Welche der oben beschriebenen möglichen Arten von Wegen passt auf Ihre Erfahrung des Lebensweges?
- Nehmen Sie ein großes Blatt und zeichnen Sie Ihre Lebenslinie auf, so wie es Ihnen stimmig erscheint: gerade, gebogen, mit Höhen und Tiefen usw. Was waren besondere Wegabschnitte und Wendepunkte? Was für eine Art Weg war der Wegabschnitt für Sie, der gerade hinter Ihnen liegt? Wo stehen Sie gegenwärtig? Wie möchten Sie, dass der Weg weitergeht? Trauen Sie sich, den Weg in die Zukunft ein Stück weiterzuzeichnen.

# *Kapitel 3: Das Haus*
## *Rundgang durch das Haus des Lebens*

Treffen sich Freunde nach längerer Zeit wieder, so heißt die freundlich-scherzhafte Begrüßung manchmal: »Na, altes Haus, wie geht's dir denn?« Seit die Menschen sesshaft geworden sind und das nomadische Leben aufgegeben haben, sind sie »behaust«, ist das Haus der Ort des Lebens und Wohnens und steht daher als Symbol für die Ganzheit der Person.

Das Haus bietet Schutz und Geborgenheit – es ist die »Höhle« des modernen Menschen. Schon in prähistorischer Zeit hatten Erd- und Felshöhlen für Menschen eine besondere Bedeutung als Schutz- und Lebensort. In Höhlen suchten sie Zuflucht vor bedrohlichem Wetter, und Höhlen galten ihnen als Wohnorte der Erd- und Muttergöttinnen. Die Symbolik der Höhle bezieht sich vor allem auf den schutzgebenden und bergenden Aspekt von Mütterlichkeit – in Erinnerung an die Gebärmutter.

Lassen Sie sich auf das Symbol des Hauses ein, indem Sie – nach einer kurzen Zeit der Entspannung mit geschlossenen Augen – vor Ihrem inneren Auge das Bild eines Hauses entstehen lassen. Lesen Sie sich dazu zuerst die folgende Imaginationsanleitung durch und versuchen Sie anschließend, sich das Haus, Ihr Lebenshaus, entsprechend vorzustellen. Sie können sich auch den Text langsam, mit vielen Pausen, vorlesen lassen, oder Sie sprechen ihn sich selbst auf Band. Besonders hilfreich ist es auch, nach einer Imagination das Haus zu malen.

### Imaginationsübung: Rundgang durch das Haus des Lebens

Lassen Sie sich von einem Weg durch innere Seelenlandschaften führen. Nach einer Weile stehen Sie vor einem Haus, das Ihre Aufmerksamkeit anzieht. Es ist das Haus Ihres Lebens. Betrachten Sie es zunächst von außen. Wie wirkt es auf Sie? Wie gelangt man hinein? Gibt es eine Umzäunung oder Hecke? Sie sehen eine Gartenpforte, die Sie öffnen, und gehen nun auf die Eingangstür zu. Mit Ihrem Schlüssel öffnen Sie die Tür, treten ein und machen langsam einen Rundgang durch das ganze Haus. In welche Zimmer gelangen Sie? Was finden Sie in den einzelnen Räumen vor? Wie fühlt es sich an, in diesem Haus zu sein? Hat es einen bestimmten Geruch?

Schauen Sie sich Ihr Haus in Ruhe genau an. Steht es auf einem sicheren Fundament? Kann es den Witterungen standhalten? Stehen Mauern und Wände fest? In welchem Zustand sind die Mauern? Hat es ein schützendes Dach? Kann man sich hier zu Hause fühlen?

Wenn Sie Ihr Lebenshaus von außen und innen erkundet haben, dann verlassen Sie es, schließen die Türe und machen sich wieder auf den Weg zurück. Sie öffnen wieder die Augen, aber bleiben im Kontakt mit dem inneren Bild.

Wenn Sie wieder im Hier und Jetzt angekommen sind, können Sie Ihrer Imagination noch eine Weile hinterherspüren und sich folgende Fragen stellen:

### Fragen: Wie sieht mein Haus des Lebens aus?

- Welche Räume habe ich gesehen: die Küche mit Herd und Esstisch, Wohnzimmer, Schlafräume, Toiletten, Bad, Flure?
- Wie viele Türen und Fenster als Verbindung nach außen gab es?
- Welche Möbel sind in den Räumen? Wie renovierungsbedürftig zeigt sich das Innere des Hauses?
- Fühle ich mich in diesen Räumen geborgen, »beheimatet«, oder war es im Haus eher ungemütlich, kalt, vielleicht sogar ungeschützt?
- Führte der Weg durchs Innere des Hauses in den Keller oder auf einen Dachboden? Ist dort etwas aus früheren Lebensphasen gelagert, das vielleicht wiedergefunden werden will? Oder gibt es Dinge, die endlich entsorgt werden sollten?
- Habe ich beim Betrachten gespürt, dass mir das gewohnte Haus zu eng vorkommt? Gab oder gibt es einen Impuls, das Haus, wie es sich in der Imagination gezeigt hat, zu verändern? Oder wird klar, dass ein Umzug in ein anderes Haus angesagt ist?

In einer tiefenpsychologischen Deutung geht es beim Hausmotiv um das Selbstbild und den gegenwärtigen Zustand: Ein Keller kann für das Unbewusste stehen, der Dachboden für alte Erinnerungen. Das Schlafzimmer ist Ort der Ruhe und der Intimität, die Küche verbindet sich mit der Thematik des Nährens und Ernährtseins, der guten Selbstsorge und dient auch als Ort der Verwandlung durch Feuer und Wärme des Herdes. Ein Bad legt das Thema Reinigung und Pflege nahe. Ein vernachlässigtes und heruntergekommenes Haus verweist auf die Thematik einer problematischen Selbstsorge und Ich-Akzeptanz, ein Haus mit vielen verschiedenen Innenräumen auf den Aspekt der Differenziertheit der Persönlichkeit.

In Krisensituationen kann auch hilfreich sein, ein Wunschhaus zu phantasieren, in dem man sich sicher, geborgen und beschützt fühlt und von guten Geistern umsorgt wird.

### Imaginationsübung: Mein Wunschhaus

Wie müsste ein solches Haus der Geborgenheit und des Rückzugs für Sie aussehen? Können Sie es sich ganz konkret vorstellen?

Und wenn Sie einen solchen Rückzugsort gegenwärtig dringend brauchen: Wo wäre er vielleicht zu finden: bei einer guten Freundin, in einem Kloster, an einem vertrauten Ferienort?

Im Grimm'schen Märchen *Das Mädchen ohne Hände* gibt es ein solches Haus der Geborgenheit. Über der Eingangstür ist ein Schild: »Hier wohnt ein jeder frei.« Die Märchenheldin, das Mädchen ohne Hände, verbringt mit ihrem Sohn »Schmerzensreich« in diesem Haus eine Zeit des Rückzugs und der Heilung, von guten Geistern, Engeln, umsorgt. Unter diesen Bedingungen wachsen ihr die Hände wieder nach.

## *Kapitel 4: Der Baum*
## *»Wer möchte leben ohne den Trost der Bäume!« (Günter Eich)*

Unser alltägliches Leben ist eng und vielfältig mit den Bäumen, ihrem Holz und ihren Früchten verbunden: Ich steige am Morgen aus meinem Bett, in dessen hölzerner Umrahmung ich wie in einer kleinen Höhle gelegen habe und wo ich geborgen bin. Mein Frühstückstisch und -stuhl sind aus Holz. In meinem Müsli sind Früchte – Lebensmittel, die uns die fruchttragenden Bäume schenken. Das Dach meines Hauses ruht auf einer tragenden Holzkonstruktion. Täglich geht mein Weg an Bäumen vorbei.

Im Frühjahr begeistert uns Menschen die Blüte, im Sommer und Herbst freuen wir uns auf die Ernte von Kirschen, Äpfeln und Pflaumen, im Herbst und Winter können wir die filigranen Kunstwerke der Zweige und Äste bewundern. Die Wälder, die grünen Lungen der Erde, sorgen für die Luft zum Atmen. Das Wurzelwerk der Bäume ist wichtig für den Wasserhaushalt. Erst Bäume machen die Erde wohnlich und bewohnbar.

Als ein Mitlebewesen hatte der Baum für die Menschen schon von Beginn der Kultur an eine besondere Bedeutung. Die Weltenesche Yggdrasil war für die Germanen der Mittelpunkt des Alls. Die mythologischen Menschheitserzählungen berichten vom Baum der Erkenntnis von Gut und Böse im Paradies, vom Ort unter dem Bodhi-Baum, wo Buddha die Erleuchtung fand, von heiligen Bäumen, die in vielen Kulturen als Wohnsitz der Götter galten und daher als heilige Orte verehrt wurden.

Zur Symbolik des Baumes gehören vielfältige Sinnbezüge: Wachstum, Entfaltung, Fruchtbarkeit, Nahrung, Verwurzelung, Nicht-von-der-Stelle-Können, Wandel im Wechsel der Jahreszeiten, Verbindung nach oben und unten, Schutz, Schatten, Leben, Sterben, Tod und Erneuerung, Individuation. Deshalb lassen sich seelische Wachstums- und Reifungsprozesse, Lebensschwierigkeiten, Schicksalsschläge, Mangelerfahrungen und andere Seelenzustände besonders gut mithilfe der Baumsymbolik beschreiben und erfassen.

Bevor Sie sich auf eine intensivere Beschäftigung mit dem Baumsymbol einlassen, ein paar Fragen zum Anwärmen:

- Welche sinnlichen Erfahrungen fallen Ihnen ein, wenn Sie an Bäume denken?
- Welcher Baum fällt Ihnen als erster ein?
- Wie war Ihr Verhältnis zu Bäumen in der Kindheit? Haben Sie im Wald gespielt, sind auf Bäume geklettert, hatten vielleicht sogar ein Baumhaus?
- Gibt es besondere Erfahrungen mit Bäumen, z. B. die alljährliche Pflaumenernte im Garten der Großeltern?
- Hatten oder haben Sie einen Lieblingsbaum?

### SICH SELBST IM SPIEGEL DES BAUM-SYMBOLS ERKENNEN

Im Baum können wir Bedingungen unserer menschlichen Existenz wiedererkennen: Wir brauchen Standfestigkeit, Halt und Verwurzelung, einen festen Stamm, die Möglichkeit, uns auszudehnen, Raum für Entwicklung und Entfaltung nach allen Seiten, erleben uns wie die Bäume ausgespannt zwischen Himmel und Erde. Wie die Bäume sind wir den verschiedenen Wettern ausgesetzt, müssen den Stürmen des Lebens standhalten; mancher Schicksalsschlag trifft wie ein Blitz, und ein harter Frost zur Unzeit kann zarte Triebe zunichte machen. Hermann Hesse hat dies in einem Gedicht sehr anrührend zum Ausdruck gebracht:

*Gestutzte Eiche*

Wie haben sie dich, Baum, verschnitten,
Wie stehst du fremd und sonderbar!
Wie hast du hundertmal gelitten,
Bis nichts in dir als Trotz und Wille war!
Ich bin wie du, mit dem verschnittnen,
Gequälten Leben brach ich nicht
Und tauche täglich aus durchlittnen
Rohheiten neu die Stirn ins Licht.
Was in mir weich und zart gewesen,
Hat mir die Welt zu Tod gehöhnt,
Doch unzerstörbar ist mein Wesen,
Ich bin zufrieden, bin versöhnt,
Geduldig neue Blätter treib ich

Aus Ästen hundertmal zerspellt,
Und allem Weh zu Trotze bleib ich
Verliebt in die verrückte Welt.[65]

Bäume sind so vielfältig und unterschiedlich wie Menschen. Die Gestalt eines Baumes macht seine Eigenarten und sein Schicksal sichtbar: ob er in guter Muttererde wachsen konnte, seine Wurzeln Zugang fanden zu Wasserquellen, wie er Hitze, Kälte, Sturm und manchen Schädlingen getrotzt, vielleicht auch einen Blitzschlag überlebt hat, welche Wachstumsschübe in seinen Knospen angelegt sind. Bäume verkörpern die sich ständig verändernde und regenerierende Potenz des Lebens.

Sie können das Symbol des Baumes als einen Spiegel nehmen und darin sich selbst und Ihre gegenwärtige Lebenssituation genauer anschauen: Stellen Sie sich vor, Sie wären ein Baum. Die Eigenschaften und Besonderheiten, die Ihnen zu Ihrem Lebensbaum einfallen, sagen etwas aus über Sie selbst: wie das Schicksal Sie geformt hat, Sie hat wachsen lassen oder wie das Leben Sie in Ihren Wachstumsmöglichkeiten auch beeinträchtigt hat bzw. ein Schicksalsschlag »wie ein Unwetter« über Sie hereingebrochen ist. Die folgenden Fragen können Ihnen helfen, sich imaginierend auf das Baum-Symbol einzulassen:

## Fragen: Ich als Baum

Was für eine Art Baum bin ich? Wie stehe ich gegenwärtig in meinem Leben? Habe ich festen Boden unter mir oder erlebe ich unsicheren Grund? Welches Bild kommt mir, wenn ich auf meine Wurzeln schaue? Kann ich genügend Nährstoffe aus dem Boden ziehen, da, wo ich stehe? Ist mein Lebensbaum ein Flachwurzler oder ein tiefwurzelnder Baum?

Ist mein Stamm kräftig? Wie ist die Schutzhülle des Stammes, die Rinde, gibt es dort Verletzungen? Wie viel Halt in mir selbst spüre ich, wenn ich mich aufrecht hinstelle?

Kann sich die Krone meines Lebensbaumes mit seinen Ästen und Zweigen frei entfalten? Gibt es Einengungen? Hat etwas meinen

Baum zurechtgestutzt, ihm Äste abgesägt? Oder gibt es tote, verdorrte Äste, die losgelassen werden sollten?

In welcher inneren Jahreszeit befindet sich mein Lebensbaum? Ist es gegenwärtig Herbst oder Winter? Ist es Zeit, die alten Blätter loszulassen? Gilt es, eine Zeit der Stille, des Stille-Stehens (Stillstands) zu ertragen?

Oder spüre ich, dass neue Kräfte sich vorsichtig regen und auf eine neue Blütezeit hinstreben? Oder stimmt das Bild von Herbst und Erntezeit für mich, dass ich meine eigenen Lebensfrüchte und Lebensleistungen dankbar wahrnehme und mich daran freuen kann?

### VORSCHLAG: BEFREUNDE DICH MIT EINEM BAUM

Ein Baum, mit dem man sich anfreundet, ist ein guter Lebensbegleiter. Still und ruhig wächst er an seinem Ort, erweitert sich Jahr um Jahr mit einem neuen Jahresring. Er hat Unwetter, Stürme und Gewitter ertragen, ihnen standgehalten und erneuert sich auf seine Weise in jedem Frühjahr.

Wenn wir in eine Krise geraten, können wir Hermann Hesses Rat folgen: »Wenn wir traurig sind und das Leben nicht mehr gut ertragen können, dann kann ein Baum zu uns sprechen: Sei still! Sei still! Sieh mich an! Leben ist nicht leicht, Leben ist nicht schwer. Das sind Kindergedanken. Laß Gott in dir reden, so schweigen sie.«[66] Vielleicht mögen Sie auch einmal ausprobieren, wie es ist, sich mit einem Baum anzufreunden. Wenn ich mich innerlich in Unordnung befinde, so hilft mir mein Baumfreund – es ist eine alte Eiche, die mitten in einem Feld steht, mit freiem Blick in die Landschaft –, wieder gelassener zu werden, mich zu erden, zu sortieren, mit klarem Blick auf mich selbst und die gegenwärtige Situation zu schauen.

## Übung: Freundschaft mit einem Baum schließen

Wenn Sie noch keinen Baum als Freund haben, dann nehmen Sie sich die Zeit, einen Spaziergang durch das Viertel zu machen, in dem Sie wohnen – auf der Suche nach einem Freund. Versuchen Sie es einmal so:

Lassen Sie sich finden und von einem Baum ansprechen – er mag auf dem Nachbargrundstück stehen, vielleicht in einem nahegelegenen kleinen Park oder am Straßenrand. Machen Sie sich auf jedem weiteren Spaziergang langsam mit ihm vertraut, entdecken Sie immer mehr Einzelheiten und Besonderheiten dieses Baumes. Erleben Sie den Wechsel der Jahreszeiten mit ihm, und, wenn es möglich ist, versuchen Sie, ihn zu betasten, zu riechen, sich an ihn anzulehnen, ihn irgendwann zu umarmen und seine Kraft zu spüren.

Mag sein, dass es für andere lächerlich aussieht, einen Baum zu umarmen. Aber trauen Sie Ihren eigenen Erfahrungen. Vielleicht erleben Sie etwas Neues und Wertvolles, können etwas spüren von der Lebenskraft eines Baumes. Vielleicht kann der Baum Sie etwas lehren, das Ihnen im Leben hilft.

»Die Bäume und die Steine werden dich Dinge lehren, die dir kein Mensch sagen kann.« (Bernhard von Clairvaux)

# *Kapitel 5: Der Berg Schwierige Aufgaben bewältigen*

Berge sind Urlandschaften – wie das Meer, die Ebene und die Wüste. Der Berg steht für besondere Herausforderungen, die Bergbesteigung für die Bewältigung von schwierigen Aufgaben, der Gipfel unter Umständen für schwer erreichbare Ziele, aber auch für die Sehnsucht nach Höhe, nach unbeschränkter Weite. Der Weg aus dem Tal kann ein langsamer, mühsamer Aufstieg sein, er verlangt ein Aufgeben von Sicherheiten. Aber es kann ein Weg sein, der aus der Enge in die Weite und Höhe führt.

Der Mount Everest im Himalaja-Gebirge ist mit seinen 8848 Metern der höchste Berg der Erde und galt lange Zeit als unbezwingbar, heute ist er eine Herausforderung für Extrembergsteiger.

In archaischen Vorstellungen sind Berge selbst mythische Wesen voller geheimer Kraft und Anziehung. In der Frühzeit waren Berghöhen auch Orte für kultische Opferstätten. In Deutschland galt im Mittelalter der Blocksberg im Harz als Hexenort, als Treffpunkt von Hexen und Teufeln. Der Sage nach lebt Friedrich Barbarossa im Kyffhäuser weiter.

Der Berg, das Felsmassiv, steht für Härte, Starre, Stein und Gewicht, ebenso für Beständigkeit, Ruhe, Ewigkeit. Berge werden aber auch als Verbindung von Erde und Himmel erlebt. Namentlich die heiligen Berge wurden und werden als Thronsitz der Götter verehrt. Mit der Pilgerfahrt zu heiligen Bergen verbindet sich das Streben, einen höheren Bewusstseinszustand zu erreichen. So ist der heilige Berg Kailash auch heute noch das Ziel buddhistischer Pilger, aber auch den Hindus gilt er als Wohnsitz von Gott Shiva. In Japan kommt dem Fujiyama besondere Verehrung zu. Für Juden und Moslems ist der Tempelberg in Jerusalem ein besonders heiliger Ort. Zur Pilgerschaft der Moslems nach Mekka gehört auch der dreimalige Weg vom Berg Safa zum Berg Marwa, zwei Berge bei Mekka.

In den biblischen Geschichten des Alten und Neuen Testaments sind Berge Orte besonderer Gotteserfahrung und Gottesbegegnung. Gott spricht zu Moses am Berg Horeb und offenbart sich dort (Ex 3,1–15). Moses erhält auf diesem Berg die 10 Gebote als Weisung für das rechte Leben (Ex 19–20).

Immer wieder wird Gott in der Höhe gesucht und um Hilfe gebeten, so z.B. in Psalm 121: »Ich hebe meine Augen auf zu den Bergen, woher wird mir Hilfe kommen?«

Auch im Neuen Testament spielt der Berg immer wieder eine besondere Rolle: als Ort der Versuchung Jesu durch den Teufel (Mt 4,8–10), als Ort besonderer Erfahrung, so in der Geschichte von der Verklärung Jesu auf dem Berg Tabor (Mt 17,1–9). Auf dem Ölberg im Garten Gethsemane litt Jesus Todesangst, auf dem Kalvarienberg wurde er gekreuzigt. Und die wichtigste Botschaft Jesu, die Seligpreisungen, sind uns als die sogenannte Bergpredigt überliefert (Mt 5,1–7).

Manche Lebensschwierigkeiten können wie ein Berg anmuten, vor dem man steht und der die Aussicht versperrt. Manche Krisen verlangen, den Aufstieg aus den Tiefen, der Bedrückung und Not zu wagen, langsam, Schritt für Schritt vorwärtszugehen und sich in Serpentinen aufwärtszubewegen, das Tal der Tränen hinter sich zu lassen, immer wieder auch stehen zu bleiben und Atem zu schöpfen. Manchmal braucht es auch den Blick zurück, um sich zu vergewissern, dass schon eine schwierige Wegstrecke geschafft ist. Der Berg fordert den Willen heraus und die Anstrengung, nicht zu kapitulieren. Und ist der Gipfel erreicht, so kann der freie Blick in die Weite der Landschaft Überblick und neue Sichtweisen bedeuten.

Vielleicht fühlen Sie sich gegenwärtig so, wie es Rainer Maria Rilke in dem folgenden Gedicht beschrieben hat:

Ausgesetzt auf den Bergen des Herzens. Siehe, wie
klein dort,
siehe: die letzte Ortschaft der Worte, und höher,
aber wie klein auch, noch ein letztes
Gehöft vom Gefühl. Erkennst du's?
Ausgesetzt auf den Bergen des Herzens. Steingrund
unter den Händen. Hier blüht wohl
einiges auf; aus stummem Absturz
blüht ein unwissendes Kraut singend hervor.
Aber der Wissende? Ach, der zu wissen begann
und schweigt nun, ausgesetzt auf den Bergen des Herzens.
[...][67]

Der Abstieg von der Höhe eines Berges, den man erklommen hat, ist mit neuen Anforderungen verbunden. Manche Menschen hocken jedoch auf einem selbst angehäuften Berg von Sorgen, Ängsten und Kümmernissen, und es ist sehr schwer für sie, von dort herunterzukommen oder gar den Sorgenberg abzutragen.

## Übung: Über den Berg kommen

Visualisieren Sie den Berg Ihrer gegenwärtigen Schwierigkeiten, der sich in Ihrer inneren Seelenlandschaft aufgetürmt hat.

Sie kommen nicht um ihn herum: es wird Ihnen klar: Sie müssen über den Berg kommen. Aber allein trauen Sie sich den Weg nicht zu, Ihnen wird klar: Sie brauchen einen Bergführer.

Überlegen Sie, wie Sie einen Bergführer finden können, einen realen, erfahrenen Krisenbegleiter oder eine Therapeutin (griech. *therapeutés* = Gefährte), der Sie sich anvertrauen können. Es kann auch eine zuverlässige alte Freundin oder ein guter Freund sein, der Ihnen helfen wird, wenn Sie den Mut aufbringen, ihn darum zu bitten, Sie auf Ihrem schwierigen Weg aus dem Gebirge hinaus eine Weile zu begleiten und Sie dabei zu unterstützen, über den Berg zu kommen.

# *Kapitel 6: Die Sonne*
## *Die innere Sonne wieder hervorlocken*

Das Symbol der Sonne ist außerordentlich vielfältig: Sonnenaufgang und Sonnenuntergang, Winter- und Sommersonnenwende hängen zusammen mit den Mysterien von Sterben, Tod und Wiedergeburt, die bei verschiedenen Völkern mit vielfältigen Licht- und Feuerritualen besonders gefeiert wurden. In manchen Gegenden Deutschlands gibt es auch heute noch ein Brauchtum, zur symbolischen Vertreibung des Winters Feuerräder den Berg hinunterzurollen oder Osterfeuer anzuzünden. In den skandinavischen Ländern ist das größte Fest des Jahres die Mitsommerwende, der längste Tag des Jahres.

Sonnenlicht und Wärme sind für alles Leben auf unserem Planeten absolut lebensnotwendig. Entsprechend ist die Sonne in vielen Religionen das Symbol der höchsten Gottheit. Für uns ist die Sonne das wichtigste Gestirn des Himmels, obwohl wir heutigen Menschen wissen, dass sie nur einer unter zahllosen Fixsternen in unserer Galaxie ist und nicht, wie die Menschen der Frühzeit glaubten, Mitte und Urgrund des Alls. Die Sonne bestimmt durch ihre Anziehung das Leben auf unserem Planeten. Er kreist auf seiner Bahn um die Sonne und dreht sich gleichzeitig um sich selbst. So entstehen der Wechsel von Tag und Nacht und auch die Jahreszeiten.

Die Sonne ist ein Symbol für Lebensenergie und Kraft. Sie kann allerdings auch zerstörerische Kräfte des Verbrennens bedeuten. In den Gestirnen Sonne, Mond und Sterne finden die Menschen Gleichnisse für Werden und Vergehen, für Leben, Tod und Wiedergeburt. Die kosmischen Rhythmen von Sonne, Mond und Sternen hatten von Beginn der Entwicklung menschlichen Bewusstseins an eine große Faszination, weshalb schon die Menschen der Frühzeit die Gestirne und ihre Kreisläufe erforschten und besondere Tempel, z.B. Stonehenge, für sie bauten. Auch in den religiösen Mythen und Gebräuchen haben sie ihren Niederschlag gefunden.[68]

Ein bewusst erlebter Sonnenaufgang am Morgen kann die Hoffnungs- und Lebenskräfte auf besondere Weise stärken (siehe die Übung am Ende dieses Abschnitts). Auch die Tageszeit des Sonnenuntergangs lädt ein, innezuhalten und sich am Ende dieses Tages zu orientieren und sich selbst wahrzunehmen. Im Licht der Abendsonne erscheinen die Dinge der Welt verwandelt; manche Pflanzen und Blüten leuchten wie glühend noch einmal besonders auf, anderes wirkt durch die andere Brechung des Lichtes wie durchlässig und transparent. Aber die Schatten wachsen, werden länger, bald liegt die ganze Welt in Schatten und Dunkelheit. Dankbarkeit, Wehmut, Melancholie, Ängstlichkeit können sich in der Abendstimmung mischen.

### Übung: Den Sonnenuntergang erleben

Beobachten Sie von einem noch sonnenbeschienenen Platz aus, wie die Schatten weiterwandern und auch Sie erreichen. Es geht darum, sich von diesem Tag mit all seinen Erfahrungen zu verabschieden, innerlich loszulassen, was Sie gelebt und erlebt haben.

Beim Sonnenuntergang gehen wir von einer aktiven Phase über in eine passive der Erholung und des Ausruhens; das Tagesbewusstsein tritt zurück. Ein altmodisches Wort – Feierabend – lädt dazu ein, den Abend feiernd zu begrüßen. Es gilt, Abschied zu nehmen im Bewusstsein der Vergänglichkeit – von allem Schwierigen, aller Mühe und Last dieses Tages, ebenso auch von allem Guten. Aber: »Was vergangen, kehrt nicht wieder. Aber ging es leuchtend nieder, leuchtet's lange noch zurück.« (Karl Förster)

Auch der Sonnenaufgang ist eine hervorragende Zeit für eine meditative Übung. Wenn Sie ganz früh aufstehen, können Sie es unmittelbar erleben.

### Imaginationsübung: Sonnenaufgang

Stellen Sie sich für diese Übung eine Landschaft vor, die Ihnen einen weiten, freien Blick über den Horizont erlaubt: eine Landschaft am Meer oder auf einem Berg oder in der Weite einer flachen Ebene.

Es ist noch dunkel, aber eine erste leichte Erhellung der Morgendämmerung ist bereits wahrnehmbar. Sie schauen nach Osten, beobachten, wie der Himmel sich langsam erhellt, und warten, innerlich ganz konzentriert, auf den Aufgang der Sonne. Morgenröte kündigt ihr Kommen an. Aber noch immer ist sie nicht erschienen. Plötzlich leuchten die ersten Strahlen am Horizont auf, erhebt sich die Sonnenscheibe. Die Strahlen der Sonne erreichen Ihr Auge, den ganzen Körper. Sie schauen und spüren, wie sich auch innerlich in Ihnen dunkle Wolken teilen und eine innere Sonne aufleuchtet, die Ihnen Mut und Zuversicht gibt. Der neue Tag ist ein Geschenk des Lebens. Verneigen Sie sich, und beim Aufrichten öffnen Sie sich ganz bewusst den Erfahrungen und dem Licht dieses neuen Tages.

Der Sonnenschein und die sinnliche Erfahrung von Sonne und Wärme sind für alle Menschen eine Quelle von Freude und Wohlbehagen. Dies hat die Dichterin Ingeborg Bachmann unnachahmlich ausgedrückt in der Gedichtzeile: »Nichts Schönres unter der Sonne als unter der Sonne zu sein …«[69]

## *Kapitel 7: Das Wasser*
## *Die Lebensquellen wiederfinden*

Wasser ist der kostbarste Schatz der Erde, das wichtigste Lebens-Mittel. Die menschliche Urerfahrung von der notwendigen und lebenserhaltenden Kraft des Wassers hat ihren Ausdruck in der Symbolik von Quelle und Brunnen gefunden

Die Wörter *mater, mare, materia* haben denselben etymologischen Ursprung in der Ursilbe *ma*. Aus dem mütterlichen Schoß der Erde kommen die Quellen hervor. Im Fruchtwasser der Gebärmutter wächst das ungeborene Kind heran. Alles Leben entstammt dem Wasser, wusste schon der griechische Philosoph Thales. Quellgebiete waren in der Frühzeit heilige Orte, an denen Tempel gebaut wurden und zumeist weibliche Gottheiten verehrt wurden. In Nachfolge der Nixen und mütterlichen Wassergottheiten wurden die Quellen und Brunnen im Mittelalter unter den Schutz der Gottesmutter Maria gestellt. Auch die Krypta in der Kathedrale von Chartres birgt noch einen alten keltischen Brunnen als Hinweis auf die uralte matriarchale Vergangenheit dieses Ortes.

In vielen religiösen Symbolen und Ritualen geht es um die reinigende, erneuernde und lebensspendende Kraft des Wassers, so z.B. in der christlichen Taufe an den Taufbecken in den Kirchen. Für Moslems sind Waschungen zur Vorbereitung des Gebets vorgeschrieben, für Hindus ist das Bad im Ganges ein heiliges Ritual. Zu den großen griechischen Heiltempeln gehörten stets auch heilige Quellen. In seinem berühmten Sonnengesang lobt Franziskus das Wasser: »Gelobt seist du, mein Herr, durch Schwester Wasser, die sehr brauchbar ist und demütig und kostbar und keusch.«[70]

Wasser steht für die vitale Lebensdynamik und ist ein Symbol für Gefühle. Wir sagen z.B.: »Ich fühle mich wieder munter wie ein Fisch im Wasser«, oder in einer bedrohlichen Situation: »Mir steht das Wasser bis zum Halse«. Wir können von Gefühlen überflutet werden, haben »nahe am Wasser gebaut« oder fühlen uns, bei einem Mangel an Gefühlen, »innerlich wie ausgetrocknet«.

In zahlreichen Mythen, Märchen und im Volksbrauchtum geht es immer wieder um die erfrischende, reinigende, heilende und verjüngende Kraft des Wassers. Im Grimm'schen Märchen *Das Wasser des Lebens* muss dieses Wasser unter Gefahren für den sterbenskranken König gesucht werden. Durch den Sprung in den Brunnen gelangt man aber auch in numinose Jenseitsbereiche, z.B. im Märchen von der Frau Holle, in der die archetypische Gestalt einer matriarchalen Gottheit anklingt, die Erde und Himmel verbindet.

Die lebenswichtigen Quellen in den Dorfbrunnen, aus denen täglich das Wasser geschöpft werden musste, waren aber auch Orte der sozialen Begegnung und insbesondere in vielen Erzählungen und Gedichten Orte der erotischen Begegnung von Mann und Frau. Der Blick in den Brunnen hat auch die Bedeutung der Spiegelung zur Selbsterkenntnis.

Das fließende und bewegliche Quellwasser ist Symbol für Lebendigkeit. Wo nichts mehr fließt, wo der Fluss der Lebensenergie gestört ist und zum Stillstand gekommen ist, erstarrt das Leben.

Auf wunderschöne Weise greift der Dichter Reiner Kunze das Quellensymbol in einem Gedicht auf:

*Sensible wege*

Sensibel
ist die erde über den quellen: kein baum darf
gefällt, keine wurzel
gerodet werden

Die quellen könnten
versiegen

Wie viele bäume werden
gefällt, wie viele wurzeln
gerodet

in uns[71]

Im Nachklang zu diesem Gedicht lässt sich fragen: »Welche Quellen in mir wurden verschüttet, welche Bäume gerodet?« Aber auch die folgenden Fragen können Sie zur Selbsterkundung mit Hilfe des Wassersymbols anregen:

## Fragen: Wasser und Quelle

- Was brauche ich so nötig wie Wasser?
- Aus welchen Quellen kann ich schöpfen?
- Was stärkt mich und belebt mich?
- Was sind Quellen von Erfrischung und Lebensfreude für mich?
- Wann sprudelt es in mir an kreativen Ideen und Einfällen?
- Was sind für mich spirituelle Quellen?

Von der Quelle zur Mündung fließt unser Lebensfluss, sucht sich seinen Weg durch Hindernisse und Umwege, bevor er sein Ziel, die Mündung ins Meer, erreicht. Mit all seiner Weichheit und Beharrlichkeit überwindet das Wasser alles Harte. Das weiche Wasser bricht den Stein, belehrt uns das Tao Te King, das chinesische Weisheitsbuch.

In der griechischen Mythologie kennzeichnen Flüsse auch den Grenzbereich zwischen Leben und Tod. Dort wird von den Quellen der Lethe und der Mnemosyne in der Unterwelt berichtet, die die Eigenschaft hatten, alles auf der Erde Erlebte auszulöschen bzw. im Gedächtnis zu bewahren.

## Imaginationsübung: Die Reise des Bachs

Machen Sie mithilfe Ihrer Phantasie eine lange Reise. Sie beginnt an einer Quelle, die am Fuß eines Berges, in einem Wiesental, aus der Erde tritt. Beobachten Sie, wie sich der kleine Bach seinen Weg sucht, durch die Wiesen weiterfließt und sich dabei langsam verbreitert. Am Ufer entdecken Sie Frühlingsblumen, himmelblaue Vergissmeinnicht und leuchtend gelbe Sumpfdotterblumen.

Mühsam bahnt sich der Bach seinen Weg durch ein Waldgebiet, rechts und links ragen Wurzeln alter Bäume in die Uferbereiche und ziehen Wasser.

Der Bach verbreitert sich, wird allmählich zum Fluss und erhält von den Menschen nun einen Namen. Er fließt an Ländern und Städten vorbei, wird zur Wasserstraße für die Menschen, die mit ihren Schiffen auf dem Wasser fahren.

Beobachten Sie den Wechsel der Jahreszeiten am Fluss: im Sommer, wenn Kinder fröhlich im Wasser schwimmen und die Fische springen, die Abkühlung der Wassertemperatur im Herbst, die aufsteigenden Herbstnebel über dem Wasser, wie sich im Frost des Winters eine Eisdecke an der Oberfläche des Wassers bildet und wie mit Beginn des Frühjahrs das Eis bricht und Eisschollen treiben.

Beobachten Sie, wie der Fluss seine Reise durch andere Länder fortsetzt und endlich im Mündungsgebiet sein Ziel, das Meer, erreicht und sich ins Meer ergießt.

Nun sehen Sie, wie über der Wasseroberfläche des Meeres das Wasser wieder in feinen Tröpfchen aufsteigt, zu Wolken wird, die über den Horizont landeinwärts ziehen.

Vor dem Gebirge fließt der Regen zur Erde nieder, wird vom Erdreich aufgenommen, sammelt sich unterirdisch erneut, sucht seinen Weg und taucht als Quelle wieder auf. Eine neue Reise beginnt im Wechselspiel und Kreislauf der Verwandlungen.

*Gesang der Geister über den Wassern*

Des Menschen Seele
Gleicht dem Wasser:
Vom Himmel kommt es,
Zum Himmel steigt es
Und wieder nieder
Zur Erde muß es,
Ewig wechselnd.
[…]

*Goethe*[72]

## *Kapitel 8: Der Regenbogen Symbol des Neubeginns*

Geht es Ihnen auch so, dass Sie fasziniert stehen bleiben und innehalten, wenn ein Regenbogen am Himmel erscheint? Wenn die Sonne tief steht, dunkle Wolken zugleich mit der Sonne am Himmel sind und die Sonnenstrahlen auf Regentropfen treffen, dann wird das weiße Licht in die Spektralfarben Rot, Gelb, Grün und Blau zerlegt. Es ist ein wunderbares Naturschauspiel, aber auch ein besonderes Natursymbol.

Der Regenbogen gilt als Brücke zwischen Himmel und Erde, als Thron der Götter. Er wird auch als Symbol der Gegensatzvereinigung gesehen: Das Feuer der Sonne und das Wasser in den Regentropfen der dunklen Wolken verbinden sich im Regenbogen. In der Bibel ist er das Zeichen der Versöhnung zwischen Gott und den Menschen. So wird im Alten Testament erzählt, wie Jahwe nach der großen Sintflut mit Noah wieder einen Bund schließt (Gen 9,8–16). Auf Abbildungen des Jüngsten Gerichtes ist der Regenbogen der Thron Christi.

Vielen Naturvölkern galt der Regenbogen als Zugang zur Anderswelt und als besonderes göttliches Zeichen. In der germanischen Mythologie verbindet der Regenbogen die Menschenwelt Midgard mit Asgard, der Welt der Götter, der Asen. Bei den alten Griechen ist der Regenbogen das Zeichen der Göttin Iris, einer goldgeflügelten Botin im Auftrag von Zeus und Hera. Auf dem Regenbogen ist die Götterbotin Iris zwischen Himmel und Erde unterwegs. Die Regenbogenhaut des Auges heißt daher Iris. In buddhistischen Vorstellungen steht der Regenbogen für das Licht des Nirwana.

Auch in der Ökologie- und Friedensbewegung, vor allem bei *Greenpeace*, wurde der Regenbogen zum Symbol für ein anderes, versöhntes Verhältnis zur Natur, für den Widerstand gegen Naturausbeutung und Zerstörung.

Im Farbspektrum des Regenbogens leuchten auf:

- Das *Rot* des Feuers, der Lebensfreude, der Vitalität und Energie.
- Das *Gelb*, die Farbe des Sonnenlichts, der Wärme und Ausdehnung.
- Das Orange, das sich mischt aus Gelb und Rot. Es steht für

etwas Aufregendes, Neues, eine frohe, offene, dem Leben zugewandte Haltung.

- Das *Grün* ist die Farbe des Wachstums und des Gedeihens, der Hoffnung und Neuwerdung, die von der hl. Hildegard so oft benannte Grünkraft.
- Das *Blau* ist die Farbe der Sehnsucht, der Unendlichkeit und Tiefe, vermittelt Ruhe, ist die Himmelsfarbe.
- *Violett* ist die geheimnisvolle Farbe, die aus Blau und Rot entsteht, die spirituelle Farbe der Mystik, der Weisheit, der Passion und des Leidens, aber auch der Überwindung der Gegensätze.

## Malübung: Am Horizont der Seele einen Regenbogen aufleuchten lassen

Der Regenbogen ist ein Zeichen der Hoffnung. Malen Sie Ihren eigenen Regenbogen und mischen Sie dabei die Grundfarben in ihrer Stärke und Intensität so, wie es für Sie gegenwärtig passt, entsprechend der Bedeutung, die die einzelnen Farben für Sie gegenwärtig haben. Also, wie viel Rot, Gelb, Grün, Orange, Blau und Violett brauchen Sie gegenwärtig für Ihren Regenbogen? Brauchen Sie viel belebendes Rot, hoffnungsvolles Grün, wärmendes Gelb, auf Neues ausgerichtetes Orange usw.?

Übrigens: In Goethes *Faust* heißt es: »Am farbigen Abglanz haben wir das Leben.« Was meinte Goethe wohl mit diesem Satz?

## *Kapitel 9: Spirale und Labyrinth*
## *Sich umwenden und zur Mitte finden*

Überall finden wir Spiralformen: in Wasserstrudeln, in Windhosen und Hurrikans, in den Formen von Muscheln, von Galaxien, im Seepferdchenschwanz und bei Antilopenhörnern. Das spiralförmige Sich-Ausrollen schützt das junge Farnblatt vor Hitze und Austrocknung, ebenso vor Kälte und Frost. Auch welkende Blätter können sich einrollen. Im Embryo ist die Spirale eine physikalische und biologische Urform. Tiefenpsychologisch gesehen ist sie ein archetypisches Bild.

Bereits in der Steinzeit, in den Megalithkulturen der Jungsteinzeit – z.B. auf Malta und Island –, finden sich an den Kultstätten und auf Felsbildern Spiralformen. Und auch in der modernen Kunst, bei Klimt, van Gogh und Hundertwasser, sehen wir die Spiralen in zahlreichen Bildern. In wunderbaren Versen hat der Dichter Rainer Maria Rilke das Symbol der Spiralringe aufgegriffen:

> Ich lebe mein Leben in wachsenden Ringen,
> die sich über die Dinge ziehn.
> Ich werde den letzten vielleicht nicht vollbringen,
> aber versuchen will ich ihn.
>
> Ich kreise um Gott, um den uralten Turm,
> und ich kreise jahrtausendelang;
> und weiß noch nicht: bin ich ein Falke, ein Sturm
> oder ein großer Gesang.[73]

Die sich rechts herum, nach außen drehende Spirale steht für Entfaltung, Ausdehnung, dynamische Weiterentwicklung, Evolution. Sie kann verstanden werden als eine Einladung zur Extraversion, zur Haltung, sich weiter nach außen zu öffnen. Die sich nach links drehende, sich einrollende Spirale symbolisiert den Weg zurück zum Ursprung, zur Vergangenheit. Sie steht für Kontraktion, Involution, Rückzug und symbolisiert mit ihrer nach innen, zum Zentrum hin verlaufenden Spirallinie eine Introversion, ein Sich-nach-innen-Wenden, zur eigenen Mitte hin – wie eine Schnecke, die sich in ihr Schneckenhaus zurückzieht. Ingrid Riedel beschreibt dies so: »Es gilt, dem Bisherigen auf den Grund zu kommen, genauer – im Sinne der Spirale – eine neue Einwärtsdrehung zu vollziehen, um eine Wandlung einleiten zu können.«[74] Die Spirale kann auch ein Bild sein für das sich ausweitende Umkreisen eines Problems bzw. sie symbolisiert umgekehrt die Bewegung, sich der Mitte, dem innersten Kern eines Problems anzunähern.

Die Spirale kann als eine universale Lebenslinie verstanden werden und wird zum Symbol des Lebensprozesses selbst. Denn wer sich auf einer Spirale bewegt, kehrt, anders als auf dem Kreisbogen, niemals an den gleichen Ort zurück. Und anders als bei der Bewegung auf der Linie bildet sich hier kein fixes Ziel. Im Gegenteil, auf der Spirale durchqueren wir immer neue Räume, nehmen viele und nicht nur einen Blickwinkel ein und gelangen immer wieder ins Offene. Damit beschreibt die Spirale die Entwicklungslinie des Lebens.

In der Doppelspirale vereinen sich beide Richtungen, die Drehung nach innen und die nach außen.

*Abb. 1: Doppelspirale*

In der Form des Sich-Einrollens vermittelt die Spirale ein In-sich-Gehen, einen Rückzug auf sich selbst, eine Bewegung der Schutzsuche. Manchmal ist es in Krisensituationen notwendig, sich ganz nach innen zu wenden, zur Mitte, um dort den Ansatzpunkt für eine Wende, eine neue Entwicklung zu finden. In der Mitte, an einem Ort des Innehaltens, kann sich eine Wandlung vollziehen, eine erneute Wendung nach außen, eine Bewegung von der inneren Wirklichkeit wieder zur äußeren. Die Doppelspirale kann somit für den gesamten Prozess der Bewältigung einer schwierigen, kritischen Lebenssituation stehen, sie wird zum Symbol eines grundlegenden Wandels.

## Malübung: Meine Lebensspirale

Nehmen Sie einen großen Bogen Papier und zeichnen Sie verschiedene Spiralen. Spielen Sie mit Spiralformen, bis Sie eine Form entdecken, die Sie in Bezug auf Ihre gegenwärtige Lebenssituation als stimmig empfinden. Kennzeichnen Sie mithilfe Ihrer Intuition den Punkt, an dem Sie sich gegenwärtig befinden, und spüren Sie, was dieser gegenwärtige Ort für Sie bedeutet.

Wohin zieht es Sie - nach innen oder außen? Was liegt bereits hinter Ihnen, was könnte vor Ihnen liegen?

Die Spirale ist ein Symbol der Grunderfahrung des sich entfaltenden Lebens. Noch geheimnisvoller ist das Urbild des Labyrinths, ebenfalls jahrtausendealt und an vielen Orten und in vielen Kulturen zu finden. Tritt man in ein Labyrinth ein und folgt dem Weg, wird man in die Mitte, ins Zentrum, geleitet, allerdings auf Umwegen, Kurven und Umschwüngen. Der gesamte Innenraum muss durchschritten werden; immer wieder ändert sich die Richtung – ein Bild für die verschlungenen Wege eines Menschenschicksals.

Bei einem Labyrinth gibt es einen ständigen pendelartigen Wechsel der Bewegungsrichtung, während eine Spirale die konzentrische Richtung beibehält. Im Gegensatz zu einem Irrgarten ist der Weg in einem Labyrinth kreuzungsfrei; er bietet keine Wahlmöglichkeit, sondern führt immer zum Zentrum. Um wieder hinauszugelangen, muss man seine Gehrichtung ändern. Der Irrgarten, der manchmal auch Labyrinth genannt wird, hat Kreuzungen und Sackgassen, und man kann sich, wie der Name sagt, darin verirren. Zwischen einem Labyrinth und einem Irrgarten besteht also ein wichtiger Unterschied.

*Abb. 2: Labyrinth*

Auch das Labyrinth ist eine faszinierende Urform, die erfahren sein will. Im Labyrinth geht es darum, den Weg zur Mitte, zum Zentrum, zu gehen und symbolisch im eigenen Zentrum der ganzen Persönlichkeit, dem Selbst, anzukommen. Aus dem Selbst heraus, der eigenen Mitte, zu leben, nennen wir heute: den Weg der Individuation gehen. C.G. Jung sagt dazu: »Der richtige Weg zur Ganzheit aber besteht – leider – aus schicksalsmäßigen Um- und Irrwegen. Es ist eine ›longissima via‹, nicht eine gerade, sondern eine gegensatzverbindende Schlangenlinie [...], ein Pfad, dessen labyrinthische Verschlungenheit des Schreckens nicht entbehrt. Auf diesem Wege kommen jene Erfahrungen zustande, die man als ›schwer zugänglich‹ zu bezeichnen beliebt.«[75]

Die mutige Labyrinthgängerin, die die Wahrheit ihres Lebens herausfinden will, wird durch die Umgänge genötigt, um die Mitte ihrer selbst herumzugehen, mit sich selbst umgehen zu lernen, sich von allen Seiten wahrzunehmen. Sie kann die Mitte nur erreichen, wenn sie zuvor den ganzen Innenraum abschreitet, alle Richtungen und Dimensionen ihres Wesens erkundet und in die Mitte ihrer Person einbringt. Im Labyrinth gehen ja alle Gänge ineinander über, hängen miteinander zusammen und bilden in dieser Weise das lebensgeschichtliche Abenteuer der Individuation ab.[76] Erst wenn der Betreffende seine ganze Persönlichkeit eingebracht hat, wenn er sich auf das Ganze seines Lebens und seines Schicksals eingelassen hat, wird ihm im Zentrum Erkenntnis seiner selbst möglich. Das Labyrinth ist also auch Sinnbild dieser Einswerdung, der Individuation, der Konzentration aller wesentlichen Aspekte und Sinnbereiche der menschlichen Existenz.

Rudolf Steiner, der Begründer der Anthroposophie, hat sich ebenfalls mit dem Labyrinth beschäftigt. In seinem Mysteriendrama *Die Prüfung der Seele* heißt es:

> Der höhern Wahrheit Wege sind verworren; –
> Nur der vermag zurechtzufinden sich,
> der in Geduld durch Labyrinthe wandeln kann.[77]

Der Labyrinthweg ist also ein symbolischer Weg zur höheren Erkenntnis.

## Übung: Begegnung mit einem Labyrinth

An vielen Orten gibt es mittlerweile wieder Labyrinthe, berühmte wie das in der Kathedrale von Chartres, neu gestaltete wie z. B. in Zürich. Finden Sie heraus, wo es in Ihrer Nähe ein Labyrinth gibt, und lassen Sie sich ein auf die Erfahrung, langsam schreitend durch ein Labyrinth zu gehen.

Auch das Betrachten von Abbildungen von Labyrinthen in Bildbänden und Kunstbüchern, z. B. in *Labyrinthe. Ein Praxisbuch zum Malen, Bauen, Tanzen, Spielen, Meditieren und Feiern* von Gernot Candolini[78], kann helfen, der Bedeutung dieser Urform nachzuspüren und den Sinn der Umwege in der labyrinthischen Situation des eigenen Lebens zu entdecken.

## *Kapitel 10: Faden, Band und Seil*
## *Hängt es am seidenen Faden oder ist es sicher verknotet?*

Faden, Band und Seil haben im Alltag eine große praktische Bedeutung. Aber auch im Bereich der Mythologie und der Symbolpsychologie sind Fäden, Bänder und Seile bedeutende Sinnbilder und Metaphern. Darauf verweisen schon Redewendungen der Alltagssprache: Wenn wir in einem Vortrag oder Text den Zusammenhang vermissen, sagen wir: »Es fehlt der rote Faden«, und wenn ein Redner nicht mehr weiterweiß, so ist ihm »der Faden gerissen«. Bei Ereignissen, deren Ausgang ungewiss ist, heißt es: »Sie hängen am seidenen Faden.« Von einem Menschen, der großen Einfluss auf ein Geschehen nehmen kann, heißt es: »Sie hat alle Fäden in der Hand.« Mit einem Menschen auf zarte Weise in Beziehung zu treten, nennen wir »anbandeln«. Fühlen Menschen sich sehr eingeengt, so sagen sie: »Das schnürt mich ganz ein.« Und wenn jemand die Worte eines anderen Menschen auf eine schädigende und böswillige Weise auslegt, lautet der Vorwurf: »Er will ihm einen Strick daraus drehen.« In großer Not und Verzweifelung sagt man: »Ich kann mir nur noch einen Strick nehmen«, um dem Leben durch Erhängen ein Ende zu setzen. All dies sind symbolische Redeweisen.

In der Mythologie der alten Griechen symbolisiert der Faden das Leben des Menschen. Drei mächtige Göttinnen, die drei Moiren, spannen den Lebensfaden eines jeden Menschen und teilten ihm sein Schicksal zu: Klotho spann den Lebensfaden, Lachesis erhielt den Faden und schützte ihn, und Atropos, die Unabwendbare, trennte ihn wieder auf und bestimmte so den Zeitpunkt des Todes. Bei den Römern sind die Schicksalsgöttinnen die Parzen, bei den Germanen die Nornen. Das Spinnen und Weben der Schicksalsfäden der Menschen gehörte zum Tätigkeitsbereich der frühen Göttinnen, und so hieß es, die Frauen erlernten die Kunst des Spinnens und Webens von den großen Göttinnen und Urmüttern der Frühzeit.

In den griechischen Sagen wird von einem berühmten Faden erzählt, mit dessen Hilfe eine Frau das Leben eines Mannes retten half: der Faden der Ariadne. Ariadne, die Tochter des Königs Minos von Kreta, verliebte sich in den Athener

Theseus, der zusammen mit anderen als Tributpfand von Athen nach Kreta geschickt worden war, wo sie einem Ungeheuer, dem Minotaurus, geopfert werden sollten. Bislang hatte noch keiner aus den verschlungenen Gängen des unterirdischen Labyrinths, wo der Minotaurus hauste, einem Irrgarten, herausgefunden. Mit Hilfe des Fadens, den ihm Ariadne gab, gelang es Theseus, den Ausgang wiederzufinden, nachdem er den Minotaurus besiegt hatte.

Nicht nur in Mythen, sondern auch in Märchen wird von besonderen Fäden, Bändern und Seilen erzählt. Einige Beispiele: Im Märchen *Rumpelstilzchen* soll die Tochter eines Müllers, der mit den außergewöhnlichen Fähigkeiten seiner Tochter gegenüber dem König geprahlt hat, aus Stroh Goldfäden spinnen, aus Unbedeutendem also etwas Großartiges hervorbringen. Sie schafft es auch, mit Hilfe eines geheimnisvollen Männleins den Ehrgeiz des Vaters zu befriedigen und die Spinnproben des goldgierigen Königs zu bestehen. So wird aus der armen Müllerstochter eine Königin – ein Märchen über eine unbewusste Vater-Tochter-Problematik. Im Märchen *Rapunzel* geht es um eine fatale Mutter-Tochter-Verbindung. Die Tochter muss, von der Mutter eifersüchtig gehütet und von der Welt weggesperrt, in einem Turm im Wald ihr langes blondes Haar zu einem Strick flechten, an dem die Mutter dann zu ihr in den Turm steigt. Hier kommt nun ein junger Prinz ins Spiel, der auf dem gleichen Wege Zugang zum eingesperrten Mädchen findet. Im Märchen *Schneewittchen* sind Bänder, Schnürriemen, Hilfsmittel für eine beabsichtigte Tötung. Schneewittchen lässt sich von den bunten Bändern der als Händlerin verkleideten Stiefmutter verführen. Diese schnürt sie damit so ein, dass sie keine Luft mehr bekommt und leblos zu Boden fällt. Bunte Bänder sind hier also ein Mordinstrument.

Im Alltag dienen Faden, Band und Seil dazu, etwas zu verbinden und zusammenzuhalten, das betont auch ihre Symbolik. Schon den Babyloniern galt das Spinnen und Weben von Faden als Symbol für das Herstellen von kosmischer Ordnung und Verbindung in der Welt. Alle Dinge, die binden, festhalten und umschlingen – Fäden, Seile, Schnüre, Stricke, Taue, Schlingen und Netze –, verweisen symbolisch auf Verbindung und

Beziehung. Bänder, vor allem bunte Bänder, sind aber auch einfach Schmuck. Geflochtene Bänder und Girlanden werden zu Festen an Räumen, Häusern und Straßen angebracht. Wenn sie an Hüten oder an Kleidern frei flattern, bedeuten sie Leichtigkeit und Lebensfreude und können zugleich etwas Lockendes und Verführerisches haben. In Form von aufgenähten Streifen, Tressen oder Ordensbändern sowie an Uniformen können sie auch symbolisch auf den besonderen Rang eines Menschen hindeuten.

Seile und Stricke verweisen auch auf das Themenspektrum Gefangensein, Befreiung, Freiheit. Ein Symbol aus der Schifffahrt ist das Lösen von Stricken und Tauen, das für Aufbruch und freie Fahrt steht. Fesseln und Fallstricke hingegen verweisen auf das Gegenteil: das Angebundensein und Festgehaltenwerden. So wird in der christlichen Symbolik der Gläubige vor den Fallstricken des Teufels gewarnt.

Faden, Band und Seil haben auch mit Halt und Schutz zu tun. Ein Seil als Halteseil kann sichere Hilfe bedeuten. Im Brauchtum vieler Völker gab es magische Praktiken mit Fadenamuletten und besonderen Knoten, die vor Schadenszauber und bösem Blick schützen sollten. In Mazedonien und Siebenbürgen etwa gab es die Sitte, einen roten Faden zum Schutz der Wöchnerinnen und zur Abwehr von bösen Geistern an die Haustür zu spannen.

Ein zum Knoten verknüpftes Band oder Seil hat ebenfalls vielfältige Bedeutungen. Bei den Kelten, Wikingern und auch im Hinduismus ist ein kunstvoll geflochtener Knoten ein Symbol für Ordnung, Kontinuität, Dauer und Ewigkeit. Knoten bedeuten aber auch Verwicklungen und schwer zu durchschauende Probleme. Das Lösen von Knoten steht für Befreiung und die Auflösung schwieriger Situationen. Der berühmte Gordische Knoten wurde bekanntlich von Alexander dem Großen mit dem Schwerthieb durchteilt. Der Sage nach sollte derjenige, dem es gelang, den Knoten aus der Deichsel des Wagens im Tempel zu Gordion (eine antike Stadt in Phrygien) zu lösen, die Weltherrschaft erlangen.

Und nicht zuletzt ist das aus Seilen geknüpfte Netz ein vieldeutiges Symbol. Sich in Netzen zu verfangen, bedeutet den Verlust von Freiheit. Ein Sicherheitsnetz hingegen schützt eine Straße vor Steinschlag oder Artisten vor dem tödlichen Sturz in die Tiefe. Auch die Begriffe »Vernetzung« und »Netzwerkarbeit« verweisen auf das Schaffen von notwendigen und sinnvollen Verbindungen. Und schließlich: Die wachsenden kommunikativen Verbindungen, Vernetzungen und Verknüpfungen im virtuellen Raum kennt jeder heute als »Internet«.

## Übung: Faden und Seil

Nehmen Sie, angeregt durch die oben beschriebenen Beispiele, eine Rolle mit Band oder Schnur und spielen Sie kreativ damit. Knüpfen Sie einmal in Gedanken an eine schwierige Situation einen Knoten und versuchen Sie, ihn wieder zu lösen.

Gestalten Sie für sich ein symbolisches Halteseil, an dem Sie sich festhalten können. Welches Material möchten Sie dazu verwenden, welche Farbe?

# *Kapitel 11: Das Herz*
## *Der Weisheit des Herzens trauen*

Das Herz als Symbol steht für die ganze Person. Es gilt als Ort der Seele, der Gefühle und des Bewusstseins, und es verweist auf Liebe, Mitleid, Hingabe, tiefe Gefühle, Lebensenergie und Weisheit.

Unsere Sprache ist reich an Bildern und Beschreibungen, was es mit dem Herzen eines Menschen auf sich hat:

- Ein Mensch kann ein gutes, weiches Herz haben, ein anderer hat ein hartes Herz, ein Herz aus Stein.
- Was von Herzen kommt, ist echt und ehrlich, was uns zu Herzen geht, betrifft uns ganz zentral.
- Es heißt von einem Menschen, er habe das Herz auf dem rechten Fleck, von einem anderen, er sei herzlos.
- Der eine wird als warmherzig empfunden, der andere als eiskalt.
- Jemand kann ein besonderes Anliegen auf dem Herzen haben. Wenn sich etwas klärt, kann einem dabei ein Stein vom Herzen fallen.
- Manchmal ist es notwendig, dem Herzen Luft machen zu können, damit aus dem Herzen keine Mördergrube wird. Manchmal braucht man für den Kummer jemanden, dem man sein Herz ausschütten kann.
- Es heißt: Wes das Herz voll ist, des geht der Mund über.
- Manche tragen ihr Herz auf der Zunge, anderen rutscht es vor Schreck in die Hose.
- Um etwas Schwieriges anzugehen, muss man sich ein Herz fassen oder dem Herzen gar einen Stoß geben. Dabei ist es wichtig, die Dinge nicht halbherzig anzufassen, sondern aus vollem Herzen Ja dazu zu sagen.
- Es gibt Menschen, die die Herzen anderer wie im Sturm erobern können, andere stehlen einem heimlich das Herz, sind Herzensdiebe.
- Man kann sein Herz an jemanden verschenken, man kann das Herz gar verlieren. Man kann auch jemanden in sein Herz schließen oder sein Herz an jemanden hängen.
- Bei Verletzungen kann das Herz bluten, schlimmer noch, es kann gebrochen werden.

- Manche Menschen nehmen sich alles schwer zu Herzen, aber wenn man sich wirklich von Herzen freut, dann lacht das Herz im Leibe.

Das alles macht deutlich: Das Herz ist das Organ, von dem aus alle Gefühle ihren Ausgang nehmen. Legen Sie Ihre Hand auf Ihr Herz: Können Sie es wahrnehmen? Wie es schlägt, pocht, hämmert, klopft, zittert, flattert, vor Schreck stehen zu bleiben droht oder gar zerspringen will? Wie geht es Ihrem Herzen?

### DIE SYMBOLIK DES HERZENS

Das Herz als Metapher für die Mitte der Existenz des ganzen Menschen ist ein archetypisches und damit universelles Symbol. Jemandem sein Herz schenken heißt, sich ganz schenken, nicht nur einen Teil von sich. Das Herz ist somit das Wichtigste im Menschen. So glaubten etwa auch die Mayas, nur mit lebendig geopferten Herzen könnten sie den Lauf der Sonne und damit die Welt mit erhalten.

Für die alten Ägypter war das Herz der Ort der Gedanken und Gefühle. In ihrer Mythologie gibt es einen Vorläufer der christlichen Vorstellung vom Jüngsten Gericht: Unter der Aufsicht des Gottes Thot wird das Herz des Verstorbenen in eine Waagschale gelegt und gewogen. Auf der anderen Waagschale liegt eine Feder aus dem Haar der Göttin Maat, der Göttin der Wahrheit. Nur wenn im Tode das Herz so leicht und unbeschwert von bösen Taten und Gedanken ist wie eine Feder, wird es nicht von der Totenfresserin Ammit verschlungen, der »Fresserin der Herzen«, die wartend dabeisitzt. So zeigt es die Tafel III des Papyrus Ani im Britischen Museum. Die Waage muss ein Gleichmaß haben, Herz und Wahrheit müssen im ägyptischen Totengericht übereinstimmen.

Vom Pharao, dem Sohn des Sonnenkönigs Re, der das Firmament erleuchtet und die Himmelsbahnen durchläuft, heißt es in den Inschriften immer wieder: »Geboren zur Weite des Herzens wie Re.« Die Weite des Herzens ist ein Abbild des Göttlichen im Menschen. Ähnlich sagen die Juden in den Psalmen von Jahwe, dass er das Herz des Menschen weit mache, so in Psalm 118: »Weit gemacht hast du mein Herz«, und sie wussten: »Der Mensch sieht auf das, was vor Augen ist, der Herr aber sieht auf das Herz.« (1 Sam 16,7) Jahwe ist derjenige, der die Herzen der Menschen prüft und kennt und der ihnen gar ein neues Herz geben kann.

Das Herz galt immer auch als Ort des Göttlichen im Menschen. So lässt Rumi, der große persische Mystiker des 13. Jahrhunderts, Gott sagen: »Ich bin weder in der Erde enthalten noch im Himmel, selbst nicht im höchsten der Himmel. Wisse dies sicher: Im Herzen des Menschen bin ich. Wenn du mich suchst, dort wirst du mich finden.«

Das Herz ist auch das entscheidende Erkenntnisorgan und hat seine eigene Logik. Berühmt ist der Ausspruch des französischen Philosophen Blaise Pascal in seinen *Pensées*: »Es gibt eine Vernunft des Herzens, die der Verstand nicht kennt. Man erfährt es bei tausend Dingen.«[79] Und weiter: »Wir erkennen die Wahrheit nicht allein mit der Vernunft, sondern auch mit dem Herzen.«[80]

Die meisten Menschen in westlichen Kulturen haben jedoch verlernt, aus dem Herzen heraus zu denken. So berichtet C. G. Jung in seinen Lebenserinnerungen von einer Begegnung mit einem Pueblo-Häuptling, der sich verwirrt zeigt über die rationale Denkweise des weißen Mannes: »›Sieh‹, sagte Ochwiä Biano, ›wie grausam die Weißen aussehen. Ihre Lippen sind dünn, ihre Nasen spitz, ihre Gesichter sind von Falten gefurcht und verzerrt, ihre Augen haben einen starren Blick, sie suchen immer etwas. Was suchen sie? Die Weißen wollen immer etwas, sie sind immer unruhig und rastlos. Wir wissen nicht, was sie wollen. Wir verstehen sie nicht. Wir glauben, dass sie verrückt sind.‹

Ich frage ihn, warum er denn meine, die Weißen seien alle verrückt.

Er entgegnete: ›Sie sagen, daß sie mit dem Kopf denken.‹ ›Aber natürlich. Wo denkst du denn?‹, fragte ich erstaunt. ›Wir denken hier‹, sagte er und deutete auf sein Herz.

Zum ersten Mal, so schien es mir, hatte mir jemand ein Bild des wirklichen weißen Menschen gezeichnet.«[81]

Auch der französische Schriftsteller Antoine de Saint-Exupéry verweist mit seinem berühmten Satz aus *Der Kleine Prinz* auf etwas Ähnliches: auf das Sehen mit dem Herzen.

Wie sehr dieses Sehen mit dem Herzen und die spontane Gefühlsregung dem Menschen aberzogen wird und verloren gehen kann, erzählt auch die Gralssage, wie Wolfram von Eschenbach sie in seiner Parzivalerzählung wiedergibt. In der entscheidenden Szene geht es um eine unmittelbar heilende Regung des Herzens:

Der Gral, das Erreichen des höchsten geistigen Ziels, verlangt von Parzival, dass er der Regung des Mitleids folgt und den verwundeten König Amfortas, als er in den Saal getragen wird, fragt, was ihm denn fehle. Aber Parzival, dem einfältigen und spontanen Reagieren inzwischen durch höfisch-ritterliche Erziehung entfremdet, schweigt und ist höflich zurückhaltend, da man ihn gelehrt hat, dass ein Ritter keine Frage stellt. Dafür jedoch, dass Parzival der Regung seines Herzens zuwiderhandelt, wird er aus dem Umfeld der Gralsburg verbannt. Er muss jahrelang einsam und verzweifelt umherirren und auf der Suche sein, bis er endlich wieder zugelassen wird und richtig, d.h. mit dem Herzen, sehen und reagieren kann.

Auch im Bereich der Mystik hat die Herzsymbolik eine zentrale Rolle, besonders in der Mystik der Ostkirche. Im sogenannten Herzensgebet, einer meditativen Praxis, geht es darum, den Namen Jesu beständig innerlich zu sprechen. In der katholischen Kirche gab es über Jahrhunderte eine spezifische Herz-Jesu-Frömmigkeit und -Verehrung. Von der »Herzkraft himmlischer Geheimnisse« spricht Hildegard von Bingen in einem Hymnus. Und auch der Sufismus kennt die Praxis der stillen Herzensmeditation.

Die Beispiele, in denen das Herz in der Literatur und in Gedichten vorkommt, sind zahllos. Nur zwei Beispiele seien für unseren Kontext hier genannt: Goethe mahnt im *Torquato Tasso*: »Ach daß wir doch, dem reinen, stillen Wink / Des Herzens nachzugehn, so sehr verlernen! / Ganz leise spricht ein Gott in unsrer Brust, / Ganz leise, ganz vernehmlich, zeigt uns an, / Was zu ergreifen ist und was zu fliehn.«[82] Und die Logik des Herzens hat Erich Fried uns heutigen Menschen in seinem schönen Gedicht *Was es ist* nahegebracht:

*Was es ist*

Es ist Unsinn
sagt die Vernunft
Es ist was es ist
sagt die Liebe

Es ist Unglück
sagt die Berechnung
Es ist nichts als Schmerz
sagt die Angst
Es ist aussichtslos
sagt die Einsicht
Es ist was es ist
sagt die Liebe

Es ist lächerlich
sagt der Stolz
Es ist leichtsinnig
sagt die Vorsicht
Es ist unmöglich
sagt die Erfahrung
Es ist was es ist
sagt die Liebe[83]

So vorbereitet, lassen Sie sich nun einladen zu einer Reise in das eigene Herz.[84]

## Meditationsübung: Reise in das eigene Herz

Bevor du die Reise in dein eigenes Herz unternimmst, sorge dafür, dass du für eine Weile ungestört bist. Entspanne dich auf eine Weise, die dir vertraut ist, z. B. indem du eine meditative Musik hörst, dich auf deinen Atem konzentrierst, einfach achtsam wahrnimmst, wie du sitzt, und dann gib dem Körper die Erlaubnis, sich zu entspannen.

Vielleicht magst du deine Hand auf dein Herz legen und spüren, wie es schlägt, in deinem eigenen Rhythmus. Aber neben dem physischen Herzen gibt es das Herz des Herzens in dir, und es hat wie das Organ des physischen Herzens vier Herzkammern. Du stehst nun vor dem Eingangsbereich zu diesem Herzen. Nimm ihn mit den inneren Augen wahr: Ist es ein offenes Tor, das Zugang zu deinem Herzen gibt, oder ist es eine fest verschlossene Tür, die es anderen schwermacht, in dein Herz zu sehen oder gar hineinzukommen?

Stell dir nun vor: Dein Herz hat vier Herzkammern:

- einen Raum, wo du ganz bei dir zu Hause bist, dein verborgenes Selbst,
- einen Raum, wo all dein Kummer, deine verborgenen Nöte und Schmerzen sind, all der heimliche Herzenskummer,
- einen Raum der Liebe, wo all deine Liebeserfahrungen bewahrt sind, die vergangenen und die gegenwärtigen Lieben,
- und dann ist da noch der vierte, tiefste Herzensraum, dein innerer Tempel, der Raum deiner spirituellen Erfahrungen.

Gehe nun in den *ersten Herzraum:* Wie fühlst du dich, hier ganz nahe bei dir selbst? Wie gut kennst du dich, bist dir selbst wohlgesonnen, gehst freundlich, achtsam und wertschätzend mit dir selbst um? Oder fehlt etwas hier, in deiner Beziehung zu dir selbst?

Nun trau dich in den *zweiten Herzraum* hinein, wo die Lasten deines Lebens sind, wo all dein Lebenskummer gespeichert ist, alles, was das Herz gekränkt, verletzt, geschmerzt hat und vielleicht noch immer schmerzt. Vielleicht kannst du aber auch entdecken, dass manches hier inzwischen altes Gerümpel ist, Dinge, die das Herz unnötig noch immer schwer machen und belasten. Vielleicht ist es an der Zeit, etwas loszulassen von dem alten Kummer und den alten Schmerzen, vielleicht braucht es dazu eine Aussöhnung und innere Vergebung. Vielleicht spürst du, dass hier etwas darauf wartet, das du dir selbst oder anderen zu verzeihen hast. Vielleicht braucht manches aber auch noch Zeit, bevor du es loslassen und dich davon freimachen kannst. Vielleicht spürst du aber schon vorab die Erleichterung, die es bedeutet, wenn es so weit sein wird, dass du alten Kummer loslassen kannst. Hab Geduld mit dir selbst. Lass den Wunsch in dir wachsen nach dem Ende der alten Schmerzen und nach Versöhnung, auch wenn du es (noch) nicht kannst.

Nun wende dich um und gehe weiter in die *dritte Herzkammer.* Hier findest du alle deine früheren und gegenwärtigen Lieben. Begrüße sie alle, unabhängig davon, wie kurzlebig oder langlebig sie waren und sind. Freue dich an all diesen Erfahrungsschätzen und spüre, wie es in dieser Herzkammer licht und hell und warm ist.

Nun wartet auf dich noch die *vierte,* geheimnisvollste, innerste Herzkammer, dein innerer Tempel, der Raum deiner spirituellen und religiösen Erfahrungen und Sehnsüchte. Sieh dich einfach darin um, suche nach der Quelle von Licht, Liebe, Frieden. Vielleicht ahnst oder spürst du hier eine besondere numinose Gegenwart, die vielleicht für dich auch einen besonderen Namen hat. Vielleicht spürst du aber auch nur ein geheimnisvolles inneres Sehnen, und du weißt nicht genau, wonach. Spüre einfach nur, lass alle Gefühle und Bilder zu, die dir vielleicht jetzt in diesem Raum kommen. Erwarte nichts. Sei einfach nur gegenwärtig.

Nun ist es langsam an der Zeit, von dieser Reise in dein eigenes Herz zurückzukommen, in die Gegenwart, ins Hier und Jetzt. Atme tief durch, entspanne dich, spüre deinen Erkenntnissen und inneren Bildern nach und achte besonders auf die Einsichten, die für dein gegenwärtiges Leben wichtig sind.

# *Kapitel 12: Märchen und Geschichten als Lebenshilfe*

Auch Märchen und Geschichten können als komplexe Symbole verstanden werden. Viele von ihnen sind durch eine lange mündliche Erzähltradition geformt. Weisheitsgeschichten und Märchen enthalten oft Hinweise für schwierige Lebenssituationen und existentielle Herausforderungen – probieren Sie es in diesem Kapitel einmal aus.

## *Tiefenpsychologische Zugänge zu Märchen*[85]

Märchen sind in ihrer vielschichtigen Symbolik der Welt unserer Träume sehr ähnlich. Man könnte sagen, es sind die Kollektivträume der Menschheit. Sie werden in der Analytischen Psychologie als symbolische Darstellung allgemeiner Lebensprobleme verstanden. Die meisten Märchen bieten für diese Probleme Lösungsmöglichkeiten an.

Im tiefenpsychologischen Verständnis zeigen die Märchen psychische Entwicklungsprozesse auf. Die Märchenheldinnen und -helden können als Modelle betrachtet werden, deren Verhalten in der jeweiligen Konfliktsituation zu einer Lösung führt. Die Vieldimensionalität der Märchensymbole lässt unterschiedliches Erleben, unterschiedliche Identifikationsmöglichkeiten und Verstehensweisen zu.

Märchen sind Spiegelungen des Seelenlebens und in verschlüsselter Form Hilfe für den menschlichen Reifungs- und Individuationsweg, für Sinnfindung und Sinnsuche. Sie sind Spiegel des Unbewussten, zugleich Quelle von Lebensweisheit. Für manche Menschen sind sie Seelennahrung. In schwierigen Lebenssituationen können sie als tröstend und ermutigend erfahren werden. Sie vermitteln Leitbilder, ohne diese aufzunötigen, sie sprechen zugleich die kreativen und schöpferischen Möglichkeiten zur Verarbeitung an, indem sie eigene innere Bilder und Erlebnisgestalten anregen. Nichts ist märchenhaft leicht im Märchen, nichts ist einfach heil und gut oder paradiesisch. Die Welt ist nicht heil, aber heilbar. Menschen können Schlimmes und Böses erfahren, das Böse überwinden und am Ende ihr Lebensglück finden – das ist die Botschaft der Märchen.

In der Beschäftigung mit Märchen geht es zunächst einmal

darum, sich von ihren Bildern und Symbolen gefühlsmäßig wirklich anrühren, ansprechen und betreffen zu lassen, ihre emotionale Bedeutung und Wirkung an sich selbst bewusst zu erfahren und ihre Botschaft im Hinblick auf die eigene, gegenwärtige Lebenssituation zu entdecken. Sie können dann, wenn Menschen ihre Lebenssituation als kompliziert und fast unlösbar erleben, einen Schlüssel zum Verständnis des eigenen Lebens liefern.[86]

Märchen bieten Identifikationsmöglichkeiten; sie vermindern das Gefühl des Alleinseins mit schwierigen Lebensproblemen. Aschenputtel fühlt sich nach dem Tod der Mutter mutterseelenallein und verstoßen – das Märchen spricht so Menschen an, die sich auch sehr allein fühlen. Rapunzel war eingesperrt in einem Turm und wurde von einer besitzergreifenden Mutterliebe gefangen gehalten – hier besteht eine Identifikationsmöglichkeit für diejenigen, die Schwierigkeiten mit festhaltenden Müttern hatten.

Es geht in Märchen immer wieder um Wandlung und Veränderung; Dinge und Verhältnisse können nicht so bleiben, wie sie waren, es geht um Hoffnung und Ermutigung zur Veränderung. Märchen vermitteln eine positive Einstellung, regen an, Probleme und Konflikte anzupacken, aktiv zu werden, auch wenn es Gefahren, Risiken und Hindernisse gibt. Da sie im Grenzbereich zwischen realer und phantastischer Welt spielen, geben sie der Phantasie und der Kreativität einen besonderen Freiraum, um schöpferisch und mithilfe der Phantasie an Lösungsversuche herangehen zu können.

Für den Umgang mit Märchen ist es gut, sich ganzheitlich, mit Gefühl und Verstand, auf sie einzulassen, Bewusstes und Unbewusstes von der Geschichte ansprechen zu lassen, eigene innere Bilder zum Klingen zu bringen. Wichtig ist vor allem die Frage: Wo kann ich Parallelen und Bezüge zu meiner eigenen Lebenssituation entdecken? So beschreibt z.B. das Aschenputtelmärchen, eines der bekanntesten Märchen aus der Sammlung der Gebrüder Grimm, wie es gelingen kann, aus einer Situation der Verstoßung und Missachtung herauszukommen. Aschenputtel muss sich trauen, ganz allein den Weg zum Fest des Lebens zu gehen, muss sich dort zeigen, in Kontakt mit dem Prinzen gehen, und diese Bewährungsprobe muss drei Mal bestanden werden, bevor der Prinz sich seinerseits aktiv auf die Suche nach der echten Braut macht.

Viele Frauen erkennen sich und ihre Minderwertigkeitsgefühle (den sogenannten Cinderella-Komplex) in dieser Geschichte wieder, das Gefühl, mutterseelenallein auf der Welt zu sein, und sie kennen auch den Impuls, aus der Situation der verachteten Dienstmagd den Ausbruch zu wagen, auch wenn es ihnen wie Aschenputtel noch so schwer gemacht wird.

### *Beziehungs-, Burnout- und Entwicklungskrisen gespiegelt im Märchen: Froschkönig, Rumpelstilzchen und Frau Holle*

Das Unbewusste, die tiefen seelischen Schichten, aus denen Bilder und Träume aufsteigen, sind das Reich der Phantasie. Diese Phantasie kann uns in Krisen und Konfliktsituationen zu Hilfe kommen, wenn eine äußere oder innere Situation mit den bislang praktizierten und gelebten Lebensmustern, Verhaltensweisen und Mitteln nicht mehr verstehbar und lösbar ist. Das Verstehen der eigenen Situation wird manchmal auch im Spiegel eines Märchens möglich. Einige kurze Beispiele:

Im Märchen vom Froschkönig z.B. geht es um eine junge Frau, die von Angst- und Ekelgefühlen geplagt wird und deren aggressive Kräfte verlangt werden, um die Krisensituation zu bewältigen. Sie muss ihren ganzen Widerstand mobilisieren und den zudringlichen, garstigen Frosch an die Wand klatschen. Erst dann geschieht Verwandlung, wird er erlöst, erst dann wird er zum Partner. Dieses Märchen verdeutlicht die Notwendigkeit der aggressiven Kräfte für Veränderung und Verwandlung. Es ist ein Lösungsmuster, das für manche Beziehungs- und Partnerschaftskonflikte Mut macht: Mut zur Wut, zum Zorn, Mut dazu, Aggression zu zeigen, das Muster des kindlich-abhängigen Gehorsams zu verlassen.

Ein ganz anderes Problem spiegelt das Märchen vom Rumpelstilzchen. Es geht um eine junge Frau – die Müllerstochter –, die Königin wird. Ihr Vater hat mit ihr angegeben: »Meine Tochter ist so außergewöhnlich, die kann Stroh zu Gold spinnen.« Der König holt sie, setzt sie in eine Kammer und will, dass sie Stroh zu Gold spinnt. Sie schafft es auch mit Hilfe des kleinen Männchens. Man kann sagen: Ein tief verinnerlichter, väterlicher Leistungskomplex hilft ihr dabei, aus dem Nichts etwas Großartiges zu schaffen, Königin zu werden – ein Leistungskomplex, der bei vielen heutigen Karrierefrauen, oft typische Vatertöchter, auch wiederzufinden ist.

Zunächst geht scheinbar alles glatt. Sie wird Königin und bekommt ein Kind. Doch dann kommt das Männchen und will das Kind haben. Jetzt bedroht also dieser Leistungskomplex ihr Weiterleben, ihre weiteren Entwicklungskräfte – dafür steht in Märchen oft das Kind. Ihre Aufgabe ist herauszufinden, wie das Männchen heißt. Sie muss Hilfskräfte mobilisieren, die überall suchen und forschen, zunächst systematisch und rational. Die Lösung wird im Märchen aber zufällig, im tiefen Wald, gefunden, d.h. im Unbewussten gibt es den rettenden, zufälligen Einfall: Das Männchen wird beobachtet, als es um das Feuer springt und singt: »Ach, wie gut, dass niemand weiß, dass ich Rumpelstilzchen heiß'!«

Die rettende Lösung aus der lebensbedrohlichen Krise wird dadurch gefunden, dass das Problem, ein lebensbedrohlicher Leistungskomplex, erkannt und benannt wird. Erst dann verliert er seine fordernde Kraft. Es kommt darauf an, mit dem »dritten Ohr« auf das zu horchen, was im Unbewussten verborgen ist, es kommt darauf an hinzuhören, welchen Namen das Problem eigentlich hat. Es muss erkannt, benannt werden. Erst dann gibt es sich am Ende des Märchens in seiner ganzen Destruktivität zu erkennen und verliert es seine zerstörerischen Kräfte. So kann man dieses Märchen deuten.

Viele Märchen stellen auf unterschiedliche Art und Weise Entwicklungs- und Reifungsaufgaben dar. Symbolisch geht es immer wieder um den Weg aus schweren Krisen oder Traumatisierungen, es geht um Entwicklung, Lernen und Veränderung, um die Kenntnis der Ordnung des Lebens. Es geht darum, sich selbst in Bewährungssituationen zu erfahren und kennenzulernen. Es geht um die Begegnung mit dem anderen Geschlecht, also, in heutiger Sprache, um die Entwicklung von Beziehungsfähigkeit zum Männlichen und Weiblichen.

Der Entwicklungsweg eines Märchenhelden oder einer Märchenheldin symbolisiert in manchen Geschichten die Ablösung von den Eltern; es geht außerdem um das Überleben von Bedrohungen und Schicksalswenden, um den Aufstieg aus einer sozial niedrigen, unter Umständen verachteten Position in eine andere gesellschaftliche Stellung und um das Erlangen von Autonomie (König/Königin im eigenen Reich zu sein). Es geht um Loslassen, Verändern, Verwandeln, um die Balance zwischen Weiblichem und Männlichem, um Liebe, Sich-Suchen, Einander-Verlieren und darum, am Ende wieder zueinander zu finden. All das sind Themen, die uns die Märchen präsentieren.

Vielleicht fühlen Sie sich durch diese Verstehenshinweise angeregt, selbst einmal wieder in Ihre Märchenbücher zu schauen und sich auf die folgenden Fragen einzulassen:

### Fragen: Meine Beziehung zu Märchen

Was waren die Lieblingsmärchen Ihrer Kindheit?

Um was ging es in diesen Märchen, welche Probleme mussten von dem Märchenhelden oder der Märchenheldin gelöst werden?

Welches Märchen könnte zu Ihrer gegenwärtigen Lebenssituation etwas Passendes sagen?

Viele Märchen beschreiben, wie aus schwierigen Situationen heraus ein Weg gesucht und gefunden wird. Das Märchen ermutigt dazu, sich den jeweiligen Schwierigkeiten zu stellen.

Der Märchenheld oder die Märchenheldin muss sich jeweils auf das einlassen, was die Situation erfordert. Dies wird am Beispiel des schon kurz erwähnten Aschenputtel-Märchens deutlich: Aschenputtel muss ganz allein und mehrmals den Aufbruch zum Fest des Lebens wagen und bereit sein, sich zu verwandeln und zu verändern.

Auf dem Weg gilt es, schwierige Zwischenphasen auszuhalten, in denen das Alte nicht mehr gilt und das Neue noch nicht in Erscheinung treten kann. Es sind oft mühsame Wege der Suche, die einem endlos vorkommen, wo die Märchenheldin »bis ans Ende der Welt« gehen muss. Die Hoffnung stärkende Botschaft der Märchen ist: »Es ist keine Lebenssituation so schlecht, dass sie nicht doch Kräfte wecken würde, die für die Weiterentwicklung gebraucht werden können.«[87] Vielleicht können Sie in dem folgenden Märchen einen Hinweis für sich finden?

## *Das Märchen von den Bremer Stadtmusikanten oder: »Etwas Besseres als den Tod findest du überall.«*

### DIE BREMER STADTMUSIKANTEN

Es hatte ein Mann einen Esel, der schon lange Jahre die Säcke unverdrossen zur Mühle getragen hatte, dessen Kräfte aber nun zu Ende gingen, so dass er zur Arbeit immer untauglicher ward. Da dachte der Herr daran, ihn aus dem Futter zu schaffen, aber der Esel merkte, dass kein guter Wind wehte, lief fort und machte sich auf den Weg nach Bremen. Dort, meinte er, könnte er ja Stadtmusikant werden. Als er ein Weilchen fortgegangen war, fand er einen Jagdhund auf dem Wege liegen, der jappte wie einer, der sich müde gelaufen hat. »Nun, was jappst du so, Packan?«, fragte der Esel. »Ach«, sagte der Hund, »weil ich alt bin und jeden Tag schwächer werde, auch auf der Jagd nicht mehr fortkann, hat mich mein Herr wollen totschlagen, da hab ich Reißaus genommen; aber womit soll ich nun mein Brot verdienen?« »Weißt du was«, sprach der Esel, »ich gehe nach Bremen und werde dort Stadtmusikant, geh mit und lass dich auch bei der Musik annehmen. Ich spiele die Laute, und du schlägst die Pauken.« Der Hund war's zufrieden, und sie gingen weiter. Es dauerte nicht lange, so saß da eine Katze an dem Weg und machte ein Gesicht wie drei Tage Regenwetter. »Nun, was ist dir in die Quere gekommen, alter Bartputzer?«, sprach der Esel. »Wer kann da lustig sein, wenn's einem an den Kragen geht?«, antwortete die Katze. »Weil ich nun zu Jahren komme, meine Zähne stumpf werden und ich lieber hinter dem Ofen sitze und spinne, als nach Mäusen herumjage, hat mich meine Frau ersäufen wollen. Ich habe mich zwar noch fortgemacht, aber nun ist guter Rat teuer: Wo soll ich hin?« »Geh mit uns nach Bremen, du verstehst dich doch auf die Nachtmusik, da kannst du ein Stadtmusikant werden.« Die Katze hielt das für gut und ging mit. Darauf kamen die drei Landesflüchtigen an einem Hof vorbei, da saß auf dem Tor der Haushahn und schrie aus Leibeskräften. »Du schreist einem durch Mark und Bein«, sprach der Esel, »was hast du vor?« »Da hab ich gut Wetter prophezeit«, sprach der Hahn, »weil unserer lieben Frauen Tag ist, wo sie dem Christkindlein die Hemdchen gewaschen hat und sie trocknen will. Aber weil morgen zum Sonntag Gäste kommen, so hat die Hausfrau doch kein Erbarmen und hat der Köchin gesagt, sie wollte mich morgen in der Suppe essen, und da soll ich mir heute Abend den Kopf abschneiden lassen.

Nun schrei ich aus vollem Hals, solang ich noch kann.« »Ei was, du Rotkopf«, sagte der Esel, »zieh lieber mit uns fort, wir gehen nach Bremen, etwas Besseres als den Tod findest du überall. Du hast eine gute Stimme, und wenn wir zusammen musizieren, so muss es eine Art haben.« Der Hahn ließ sich den Vorschlag gefallen, und sie gingen alle Viere zusammen fort.

Sie konnten aber die Stadt Bremen in einem Tag nicht erreichen und kamen abends in einen Wald, wo sie übernachten wollten. Der Esel und der Hund legten sich unter einen großen Baum, die Katze und der Hahn machten sich in die Äste, der Hahn aber flog bis in die Spitze, wo es am sichersten für ihn war. Ehe er einschlief, sah er sich noch einmal nach allen vier Winden um, da deuchte ihm, er sähe in der Ferne ein Fünkchen brennen, und rief seinen Gesellen zu, es müsste nicht gar weit ein Haus sein, denn es scheine ein Licht. Sprach der Esel: »So müssen wir uns aufmachen und noch hingehen, denn hier ist die Herberge schlecht.« Der Hund meinte, ein paar Knochen und etwas Fleisch dran täten ihm auch gut. Also machten sie sich auf den Weg nach der Gegend, wo das Licht war, und sahen es bald heller schimmern, und es ward immer größer, bis sie vor ein hell erleuchtetes Räuberhaus kamen. Der Esel, als der größte, näherte sich dem Fenster und schaute hinein. »Was siehst du, Grauschimmel?«, fragte der Hahn. »Was ich sehe?«, antwortete der Esel. »Einen gedeckten Tisch mit schönem Essen und Trinken, und Räuber sitzen daran und lassen's sich wohl sein.« »Das wäre was für uns«, sprach der Hahn. »Ja, ja, ach, wären wir da!«, sagte der Esel. Da ratschlagten die Tiere, wie sie es anfangen müssten, um die Räuber hinauszujagen, und fanden endlich ein Mittel. Der Esel musste sich mit den Vorderfüßen auf das Fenster stellen, der Hund auf des Esels Rücken springen, die Katze auf den Hund klettern, und endlich flog der Hahn hinauf und setzte sich der Katze auf den Kopf. Wie das geschehen war, fingen sie auf ein Zeichen insgesamt an, ihre Musik zu machen: Der Esel schrie, der Hund bellte, die Katze miaute, und der Hahn krähte; dann stürzten sie durch das Fenster in die Stube hinein, dass die Scheiben klirrten. Die Räuber fuhren bei dem entsetzlichen Geschrei in die Höhe, meinten nicht anders, als ein Gespenst käme herein, und flohen in größter Furcht in den Wald hinaus. Nun setzten sich die vier Gesellen an den Tisch, nahmen mit dem vorlieb, was übrig geblieben war, und aßen, als wenn sie vier Wochen hungern sollten.

Wie die vier Spielleute fertig waren, löschten sie das Licht aus und suchten sich eine Schlafstätte, jeder nach seiner Natur und Bequemlichkeit. Der Esel legte sich auf den Mist, der Hund hinter die Türe, die Katze auf den Herd bei der warmen Asche, und der Hahn setzte sich auf den Hahnenbalken. Und weil sie müde waren von ihrem langen Weg, schliefen sie auch bald ein. Als Mitternacht vorbei war und die Räuber von weitem sahen, dass kein Licht mehr im Haus brannte, auch alles ruhig schien, sprach der Hauptmann: »Wir hätten uns doch nicht sollen ins Bockshorn jagen lassen«, und hieß einen hingehen und das Haus untersuchen. Der Abgeschickte fand alles still, ging in die Küche, ein Licht anzuzünden, und weil er die glühenden, feurigen Augen der Katze für lebendige Kohlen ansah, hielt er ein Schwefelhölzchen daran, dass es Feuer fangen sollte. Aber die Katze verstand keinen Spaß, sprang ihm ins Gesicht, spie und kratzte. Da erschrak er gewaltig, lief und wollte zur Hintertüre hinaus, aber der Hund, der da lag, sprang auf und biss ihn ins Bein. Und als er über den Hof an dem Miste vorbeirannte, gab ihm der Esel noch einen tüchtigen Schlag mit dem Hinterfuß. Der Hahn aber, der vom Lärmen aus dem Schlaf geweckt und munter geworden war, rief vom Balken herab: »Kikeriki!« Da lief der Räuber, was er konnte, zu seinem Hauptmann zurück und sprach: »Ach, in dem Haus sitzt eine gräuliche Hexe, die hat mich angehaucht und mit ihren langen Fingern mir das Gesicht zerkratzt; und vor der Türe steht ein Mann mit einem Messer, der hat mich ins Bein gestochen; und auf dem Hof liegt ein schwarzes Ungetüm, das hat mit einer Holzkeule auf mich losgeschlagen; und oben auf dem Dache, da sitzt der Richter, der rief: ›Bringt mir den Schelm her.‹ Da machte ich, dass ich fortkam.« Von nun an getrauten sich die Räuber nicht weiter in das Haus, den vier Bremer Musikanten gefiel's aber so wohl darin, dass sie nicht wieder herauswollten. Und der das zuletzt erzählt hat, dem ist der Mund noch warm.[88]

Das Märchen von den Bremer Stadtmusikanten handelt von vier Tieren, die ihr Leben lang zum Wohl der Menschen im Einsatz waren und nun – Undank ist der Welt Lohn – um ihren Lebensabend, ihr Gnadenbrot, gebracht und getötet werden sollen. Sie haben alle auf ihre Weise ihr Leben lang ihren Besitzern treu gedient, doch die undankbaren Menschen haben für alle vier alt und schwach gewordenen Tiere ein ähnliches Schicksal vorgesehen: Der Esel merkt es als Erster, dass sein Herr ihn beseitigen will; der Hund bekommt mit, dass sein Herr ihn totschlagen will; die Katze, die zu alt zum Mäusefangen ist, soll ersäuft werden, und der Haushahn soll im Suppentopf landen. Alle vier Tiere sind also in einer lebensbedrohlichen Situation, doch sie schließen sich zusammen und machen sich auf die Suche nach etwas Neuem, denn: »Etwas Besseres als den Tod findest du überall«, heißt es im Märchen.

Der Esel hat eine phantastische Idee: Er will Stadtmusikant werden. Straßenmusikanten – wir treffen sie heute überall in den Einkaufspassagen und Fußgängerzonen, um ihren Lebensunterhalt bettelnd.

In der Großstadt Bremen, dem Tor zu Welt, mit ihrem großen Hafen hoffen alle auf eine Chance. Bremen und Hamburg, die großen Hafenstädte, waren in früherer Zeit das Ziel von armen und in Not geratenen Menschen, die in die Neue Welt auswandern wollten, da sie hofften, dort bessere Lebenschancen zu finden.

Wenn man sich allerdings das Eselsgeschrei, Hundegebell, Katzengejaule und Hahnengeschrei unserer Märchenhelden vorstellt, so kommt einem ihre Idee, Musikanten werden zu wollen, höchst phantastisch vor. Doch so weit kommt es gar nicht, denn mit ihrem vereinten Gebrüll gelingt ihnen etwas anderes: Im dunklen Wald – in vielen Märchen der Ort der entscheidenden Handlungen – entdecken die vier Tiere ein Räuberhaus, wo Räubergesellen es sich gut gehen lassen. In diesem Tiermärchen kann man die Räuber als die ausbeuterischen, treulosen Menschen verstehen, die es schlecht mit ihren Haustieren meinen.

Gestärkt in der Solidarität der Schwachen planen die vier Tiere nun eine konzertierte Aktion. Alle Hilflosigkeit und Angst vor den Menschen ist verschwunden, gemeinsam sind sie so stark, dass sie mit ihrem Geschrei die Räuber vertreiben, sich an den gedeckten Tisch setzen und es sich schmecken lassen. Sie »aßen, als wenn sie vier Wochen hungern sollten«.

Das Märchen findet nun ein schwankhaftes Ende: Die Räuber wollen zurückkommen und schicken einen der ihren los, um das Haus zu untersuchen. Die Tiere können sich jedoch so erfolgreich zur Wehr setzen, dass die Räuber dauerhaft in die Flucht geschlagen sind und die vier Hausbesetzer es sich gut gehen lassen können.

Die Geschichte von den Bremer Stadtmusikanten mag kein sehr tiefgründiges Märchen sein, aber es erfreut, weil alle Sympathien den Tieren gelten, die nicht in Jammer und Resignation verfallen, sondern miteinander einen Aufbruch wagen, denn – so die mutmachende Botschaft – »etwas Besseres als den Tod findest du überall«. Wie viele andere Märchen erzählt auch diese Geschichte davon, wie auf überraschende Weise ein Ausweg aus einer schwierigen Situation gefunden wird. Sie ermutigen dazu, eigene, bislang unbekannte Wege auszuprobieren und sich auch auf eine abenteuerliche Suche einzulassen. Sie stärken so das Prinzip Hoffnung und manchmal – wie in diesem Märchen – auch den Humor.

### *Das Märchen Der goldene Schlüssel*

Das Märchen *Der goldene Schlüssel* stellt eine besondere Anforderung an die Wunschkraft der Phantasie.

DER GOLDENE SCHLÜSSEL

Zur Winterzeit, als einmal ein tiefer Schnee lag, musste ein armer Junge hinausgehen und Holz auf einem Schlitten holen. Wie er es nun zusammengesucht und aufgeladen hatte, wollte er, weil er so erfroren war, noch nicht nach Haus gehen, sondern erst Feuer anmachen und sich ein bisschen wärmen. Da scharrte er den Schnee weg, und wie er so den Erdboden aufräumte, fand er einen kleinen goldenen Schlüssel. Nun glaubte er, wo der Schlüssel wäre, müsste auch das Schloss dazu sein, grub in der Erde und fand ein eisernes Kästchen. »Wenn der Schlüssel nur passt!«, dachte er, »es sind gewiss kostbare Sachen in dem Kästchen.« Er suchte, aber es war kein Schlüsselloch da; endlich entdeckte er eins, aber so klein, dass man es kaum sehen konnte. Er probierte, und der Schlüssel passte glücklich. Da drehte er einmal herum, und nun müssen wir warten, bis er vollends aufgeschlossen und den Deckel aufgemacht hat, dann werden wir erfahren, was für wunderbare Sachen in dem Kästchen lagen.[89]

Stellen Sie sich einmal vor, eine gute Fee, die Ihre geheimen Wünsche und Sehnsüchte und auch Ihre gegenwärtige Lebenslage kennt, hätte für Sie, ganz speziell für Sie, dieses Zauberkästchen gepackt. Sie hätte alles hineingelegt, was Sie gegenwärtig besonders brauchen. Sie finden auch den Schlüssel dazu. Was entdecken Sie in dem Kästchen? Wofür sollten Sie es gebrauchen? Was können Sie mit diesen Feengaben anfangen? Was erfreut Sie an den Gaben? Was befremdet oder irritiert Sie – löst Fragen aus oder bleibt noch geheimnisvoll?

Lassen Sie sich einmal ganz auf den Inhalt Ihres Zauberkästchens ein!

### *Geschichten als Quellen der Weisheit*

In allen spirituellen Traditionen gibt es Geschichten, Gleichnisse und Parabeln, die in erzählender Form existentielle Wahrheiten, Weisheiten und Hinweise zur rechten Lebenskunst vermitteln. Zunächst scheinen sie oft nur unterhaltsam zu sein, lässt man sich aber wirklich auf sie ein, geben sie oft hilfreiche Anregungen für unser eigenes Leben, können sie auch tiefer gehende Einsichten wecken.

Vielleicht können Sie in den folgenden Geschichten[90] etwas Weises für sich entdecken?

#### ERKENNE, WER DU BIST

Ein Bauer fand unterwegs ein Adlerjunges, das aus dem Nest gefallen war. Er nahm es mit nach Hause und tat es in den Hühnerstall zu den Hühnern. Dort wuchs es auf, unter lauter Hühner- und Entenvolk. Es lernte picken, fraß Hühnerfutter und kannte nur Hühner und Enten.

Eines Tages kam ein Jäger vorbei, sah den groß gewordenen Adler und fragte den Bauern, warum er einen Adler im Hühnerstall hielte. Der Bauer sagte: »Ich habe ihn gefunden als kleinen, aus dem Nest gefallenen Adler. Aber nun ist er so wie die Hühner, er ist kein Adler mehr.«

Der Jäger bat: »Gib ihn mir, ich will sehen, ob er noch fliegen kann.« Der Bauer gab ihm das Tier.

Der Jäger nahm den ängstlichen Adler mit auf eine freie Wiese und sagte zu ihm: »Du bist doch ein Vogel der Lüfte, nun flieg!«

Aber das verwirrte Tier bleib regungslos am Boden hocken.

Am nächsten Tag nahm der Jäger das Tier auf den Arm, breitete ihm die Flügel aus und sagte: »Du bist kein Huhn, sondern ein Adler. Nun halt die Flügel ausgespannt und flieg los.«

Aber der Adler, erschreckt und hilflos, ließ sich einfach auf den sicheren Boden fallen.

Am folgenden Tag nahm der Jäger den Adler mit ins Gebirge. Er stieg mit ihm auf einen hohen Berg. Ringsum war die freie Berglandschaft, ganz tief unten, winzig klein, der Bauernhof mit dem Hühnerstall.

Der Jäger hielt den Vogel auf seiner Hand, ließ ihn umherschauen in die Weite, in den offenen Himmel, und wartete.

Da durchzuckte ein Beben den Vogelkörper, es war, als käme die Erinnerung zurück. Zögernd wagte der Adler, seine Flügel auszubreiten, ließ sich in die Lüfte fallen und flog mit einem Schrei davon.

*

### DER REGENMACHER

In einer taoistischen Geschichte wird von der Kunst eines Regenmachers erzählt:

In einem chinesischen Dorf hatte es lange Zeit nicht geregnet. Alle Versuche, die Götter des Himmels zu beschwören, Regen zu schicken, waren erfolglos, ebenso die Opfergaben in den Tempeln. Die Ernte drohte zu verdorren, die Menschen würden Hunger erleiden.

In dieser Not erinnerte sich einer der Alten an einen Regenmacher in einem weit entfernten Dorf. Man beschloss, Boten zu ihm zu schicken und ihn um Hilfe zu bitten. Er kam, sah sich im Dorf um und erbat eine Hütte am Dorfrand für sich allein sowie etwas Brot und Wasser.

Drei Tage lang geschah nichts. Die Dorfleute wähnten bereits, auf einen Betrüger hereingefallen zu sein. Am vierten Tag kam der Regen.

Das Dorf war außer sich vor Freude. Aber wie hatte der Regenmacher das gemacht? Er erklärte es ihnen:

»Als ich hierherkam, sah ich überall große Unordnung. So zog ich mich in die Hütte zurück. Ich war darum bemüht, mich selbst in die Ordnung des Tao zu bringen. Als ich mich nach drei Tagen in Ordnung gebracht hatte, konnte die Natur in Ordnung kommen. Und dann kam der Regen.«

Eine kleine Sufi-Geschichte erzählt:

Ein König, der alle Schätze und Reichtümer dieser Welt besaß, alle Feinde besiegt hatte und von den Menschen ob seines Glanzes beneidet wurde, hatte eines Nachts einen seltsamen Traum, in dem er etwas suchte. Tagelang war er verwirrt. Dann bestellte er alle Weisen und Ratgeber seines Hofes zu sich und erklärte:

»Schafft mir etwas herbei, das mich wieder ins Gleichgewicht bringt. Etwas, das mich in Unglück und Unzufriedenheit tröstet und mich in Momenten des Glücks traurig machen kann.«

Die Weisen baten um Zeit. Sie berieten miteinander, wie sie ihren König mit seinem seltsamen Wunsch zufriedenstellen könnten. Als sie die Lösung hatten, gingen sie zu ihm hin und übergaben ihm einen Ring mit einer Inschrift. Er trug die eingravierte Botschaft: »Auch das wird vorübergehen.«

*

## SOGENANNTES GOTTVERTRAUEN

Ein frommer Mann lebte in einem christlichen Land. Er hielt alle Gebote seiner Religion und glaubte fest an seinen Gott.

Eines Tages gab es ein Unwetter mit heftigen Regenfällen. Das Tal, in dem der Mann lebte, wurde überschwemmt, und das Wasser stieg und stieg. Es hatte schon den ersten Stock der Häuser erreicht, und man beschloss, das Dorf zu evakuieren.

Der Mann stieg auf das Dach seines Hauses. Ein Rettungsboot kam und bot ihm an, ihn in Sicherheit zu bringen. Der fromme Mann lehnte ab mit der Erklärung: »Ich habe Gottvertrauen. Ich bete, und ER wird mich retten.«

Das Wasser stieg und stieg, der fromme Mann saß auf dem First seines Hauses, die Beine bereits im Wasser. Ein weiteres Rettungsboot ruderte heran, um ihn aufzunehmen. Wieder weigerte er sich mit den Worten: »Ich vertraue auf Gott, er wird mein Gebet erhören und mich retten.«

Das Wasser stieg weiter und weiter, denn die Regenfälle hörten nicht auf. Ein Hubschrauber überflog das Überschwemmungsgebiet, sah den Alten, bis zum Hals im Wasser, flog näher und ließ eine Strickleiter herab. Doch er weigerte sich, die Strickleiter zu ergreifen, und sagte: »Ich habe unerschütterliches Gottvertrauen. ER ist mein Retter.«

Schließlich ertrank er. Seine Seele flog in den Himmel, vor den Thron des Allmächtigen, aber sie war ratlos und verwirrt und fragte: »Ich habe so sehr gebetet und an Dich geglaubt. Ich verstehe nicht, was geschehen ist!«

Da schüttelte Gottvater den Kopf und sagte: »Ich versteh's auch nicht! Ich habe dir zwei Rettungsboote gesandt und einen Hubschrauber!«

*

### WAS IST DAS LEBEN?

In einem schwedischen Märchen wird erzählt, dass die Tiere des Waldes sich über die Frage unterhielten: »Was ist das Leben?« Das Gespräch ging ungefähr so:

Der Schmetterling sagte: »Das Leben ist pure Freude und das Fliegen von Blüte zu Blüte im Sonnenschein.«

Die Ameise meinte stöhnend: »Das Leben ist nichts als harte Arbeit.«

Die Biene hingegen sagte: »Das Leben wechselt ab: Mal ist es Arbeit, mal ist es Vergnügen.«

Der Maulwurf streckte seinen Kopf aus einem Erdhügel. Sein Kommentar war: »Das Leben ist ein stetiger Kampf in der Finsternis.«

Der Adler zog seine Kreise und rief von oben: »Nein, das Leben ist Freiheit!«

Nun mischten sich die Pflanzen in das Gespräch ein. Das Heidekraut sagte: »Das Leben, ach, das Leben ist ein mühseliges Ringen um ein kleines Fleckchen Erde.«

Die großen Nadelbäume aber, die Fichten, meinten: »Nein, das Leben ist ein stetiges Streben nach oben.«

Die Waldrose entfaltete eine neue Blüte, sehr vorsichtig, und säuselte: »Aber das Leben ist eine Entwicklung!«

Und da noch lange nicht alle Tiere und Pflanzen ihre Meinung kundgetan haben, musst du nun selbst lauschen, was sie Weiteres zu sagen haben.

## Kapitel 13: Imagination und Intuition als Hilfsmittel

### Was sind Imagination und Intuition?

Alle Menschen verfügen über imaginative Fähigkeiten und über den reichen Schatz einer inneren Bilderwelt, die wir oft unwillkürlich nutzen. In unseren spontanen Tagträumen zum Beispiel können wir darin eintauchen, wenn wir uns den kommenden Urlaub vorstellen und uns so einige Momente des Ausruhens in einer Stresssituation gönnen. Imagination ist eine kognitive Denk- und Vorstellungsaktivität im wachen Zustand, bei der es darum geht, innere Bilder und die damit verbundenen Emotionen bewusst wahrzunehmen. Es ist quasi ein inneres »Googeln« in unseren eigenen Speichern.

Imaginationen gehören zum Reich der Phantasie, zu dem alle Menschen ein Zugangsrecht haben. Es ist ein geheimnisvoller Zwischenraum zwischen Innenwelt und Außenwelt, in dem aus der Verknüpfung von inneren Bildern, Erinnerungen und Emotionen kreativ Neues gestaltet werden kann. Erlebtes kann hier verarbeitet, Wünschenswertes im Sinne einer prospektiven Ausrichtung nach vorn vorbereitet werden. Jeder Mensch kann die Kraft der Imagination nutzen, lediglich bei bestimmten Formen seelischer Erkrankungen ist unter Umständen davon abzuraten, z.B. bei schweren Formen von Depression.

Wie die Träume sind Imaginationen nicht an die Grenzen von Raum und Zeit gebunden. Für C. G. Jung ist die Phantasie einfach ein unmittelbarer Ausdruck des psychischen Lebens, eine grundlegende Ressource der Kreativität, die uns auch bei der Bewältigung von schwierigen Lebensproblemen zur Verfügung steht. Ihm war es ein besonderes Anliegen, Menschen im Rahmen der Therapie und im Alltag zu ermutigen, über das aktive Imaginieren auf der Ebene der Bilder wichtige Einblicke in die Seelenprobleme zu erhalten.

Die Aktive Imagination, wie C. G. Jung sie entwickelt hat, erweitert den alltäglichen Bewusstseinsraum. Wichtige Voraussetzung ist die Bereitschaft, mit dem Symbol in wirklichen Fühlkontakt zu kommen und in den Bedeutungsraum des jeweiligen Symbols einzutreten. Alle Einfälle werden unzensiert angenommen. Denken, Fühlen, Empfindungen und Intuition kreisen um das Symbol und entfalten so einen inneren Bilderprozess, in dem seine Sinn- und Bedeutungsgehalte ins Bewusstsein treten und sich auch Bezüge zur persönlichen Problemsituation zeigen können. So begibt sich ein Mensch in einen schöpferischen Prozess des Erkundens und Experimentierens mit sich selbst. Dies war auch C. G. Jung wichtig: »Die Wirkung, auf die ich hinziele, ist die Hervorbringung eines seelischen Zustandes, in welchem mein Patient anfängt, mit seinem Wesen zu experimentieren, wo nichts mehr für immer gegeben und hoffnungslos versteinert ist, eines Zustandes der Flüssigkeit, der Veränderung und des Werdens.«[91]

Voraussetzung für erfolgreiche Imaginationsarbeit ist immer eine Grundhaltung von Offenheit und Empfänglichsein; es geht darum, etwas kommen zu lassen und mit den jeweiligen Bildern und Gestalten in einen inneren Dialog einzutreten. In diesem Dialog zwischen den bewussten und unbewussten Teilen der Psyche kann ich mir selbst, meiner eigenen inneren Wahrheit näherkommen.

Beim Imaginieren ist die psychische Wahrnehmungsfähigkeit der Intuition, über die alle Menschen verfügen, von besonderer Bedeutung. Sie hilft, beim Imaginieren Hintergründe, Zusammenhänge und eventuell Lösungsansätze zu entdecken.

Auch im Alltag spielt die Intuition eine wichtige Rolle, z. B. im Bereich der Personalauswahl oder bei riskanten Finanzgeschäften an der Börse, wo es darum geht, den »richtigen Riecher« zu haben; ebenso ist die Intuition bei vielen geistigen und künstlerischen Schaffensprozessen und bei der Suche nach Problemlösungen wichtig. Intuition ist oft ein Gespür für etwas Zukünftiges und kann spontan als ein bestimmtes Lösungswort, Bild, als ein verbaler Satz ins Bewusstsein treten, ohne dass sich der Einfall näher begründen lässt. Er ist aber oft mit einem starken Gefühl von Gewissheit und Stimmigkeit verbunden.

Mit den in diesem Kapitel angebotenen Übungen möchte ich Sie ermutigen, Ihre Intuition und innere Bilderwelt zu Hilfe zu nehmen und sich so Ihren gegenwärtigen Problemen zu nähern. Trauen Sie Ihrer Intuition, seien Sie offen für das, was sie Ihnen sagen und zeigen will. Damit geben Sie Ihrem Gehirn eine Chance, »querzudenken« und neurophysiologisch neue Verbindungen zu knüpfen.

Die Übungen dienen der angeleiteten Selbsterkundung, der besseren Orientierung im Innen und Außen. Sie können dabei helfen, auf sich selbst mit anderen Augen zu schauen, sich im Raum des Möglichen, Vorstellbaren, Zukünftigen und Wünschenswerten zu bewegen. Einige Übungen haben besonders entlastende, unterstützende und stabilisierende Funktionen, andere dienen stärker der Selbstkonfrontation. Eine vorbereitende Phase der Entspannung ist immer hilfreich und wichtig, um sich bereit zu machen für die Psychodynamik der inneren Bilder.

Imaginationsarbeit umfasst im Allgemeinen drei Phasen: Nach einer ersten Phase der Entspannung horcht man entsprechend dem gewählten Vorstellungsbild oder Thema achtsam nach innen, schließt unter Umständen die Augen, lässt Bilder entstehen, die auch Gefühle ins Bewusstsein bringen, nimmt wahr, wie der Prozess weitergeht, und tritt in einen inneren Dialog ein. In einer dritten Phase der Auswertung und Integration der inneren Erfahrungen geht es darum, das Erlebte zu verstehen und in den Kontext der Ausgangsfrage, des Themas oder der gegenwärtigen Problemsituation zu stellen.

### *Einen sicheren inneren Ort finden*

Bei der folgenden Übung geht es darum, nicht im Außen, sondern mithilfe der Phantasie im eigenen Inneren einen Ort zu schaffen, an den Sie sich bei Bedarf zurückziehen können, um sich dort sicher, geschützt und geborgen zu fühlen.[92]

#### Imaginaionsübung: Mein sicherer Ort

Suchen Sie eine bequeme, entspannte Position, sitzend oder liegend, schließen Sie die Augen und erlauben Sie sich mit einem tiefen Ein- und Ausatmen, sich zu entspannen. Nun gehen Sie in Gedanken an einen schönen Ort in der Natur, an dem Sie sich sicher und wohl fühlen. Vielleicht ist es ein Ort in den Dünen am Meer, eine Stelle an einem Fluss, die Sie gut kennen, oder ein Ort unter einem Schatten spendenden Baum, unter den Sie sich setzen. Lehnen Sie sich mit dem Rücken an seinen Stamm. Wählen Sie einen Ort, der Ihnen hilft, inneren Stress und Beunruhigung loszulassen und in Stille und Frieden ganz bei sich selbst zu sein.

Nehmen Sie die Umgebung wahr: Vielleicht hören Sie das Fließen des Wassers oder wie der Wind leicht durch die Blätter des Baumes streicht, fühlen, wie die Sonnenstrahlen Sie wärmen. Beobachten Sie, wie die Wolken am Horizont vorbeiziehen. Vielleicht hören Sie Vogelgesang oder nehmen mit der Nase einen Duft wahr. Fühlen Sie sich an diesem Ihrem Ort willkommen, geborgen und geschützt, lassen Sie innerlich los und seien Sie ganz da. Spüren Sie, wie dieser besondere Ort Ihnen wieder neue Kraft gibt.

### *Unterstützung durch innere Helferfiguren*

In der Phantasie kann es innere Helferfiguren in Gestalt menschlicher Wesen, von Tieren, Engeln oder Schutzgeistern geben. Gerade in Krisenzeiten, wenn Menschen sich bedroht, ohnmächtig oder überfordert fühlen, kann die Imagination hilfreicher Wesen, die selbstlos unterstützend zur Seite stehen, außerordentlich entlastend und tröstend sein. Zwei kurze Beispiele:

#### EIN VERTRAUTER MENSCH ALS INNERE HELFERFIGUR

Für Frau P. ist die innere Helferin ihre verstorbene Großmutter, zu der sie als Kind ein inniges Verhältnis hatte und von der sie sich in besonderer Weise geliebt fühlte. Einige Jahre ihrer Kindheit hat sie auch mit der Großmutter zusammengelebt. In ihrer Vorstellung kann sie mit der Großmutter immer wieder reden, ihr die gegenwärtige Notlage schildern und, wenn sie nach innen horcht, auch eine innere Stimme hören, die ihr guten Rat gibt und Trost spendet.

#### EIN TIER ALS INNERE HELFERFIGUR

Für Herrn K. ist es sein alter Schäferhund Grischa, dessen unbedingte Treue und Anhänglichkeit ihn immer wieder tief anrührte und beruhigte. Vor einiger Zeit ist der Hund an Altersschwäche gestorben. Aber für Herrn K. ist er irgendwo als eine Art Geist im Tierhimmel, und auf Spaziergängen hat er noch immer das Gefühl, von Grischa begleitet und beschützt zu werden. Das gibt ihm Sicherheit, wenn er nun allein unterwegs ist. Weil Grischa in seinen Gedanken so sehr präsent ist, mag Herr K. sich noch keinen neuen Hund zulegen.

Die Funktion der inneren Helferfiguren kann sehr unterschiedlich sein: Sie können Schutz und Trost geben, Verstärkung der Widerstandskraft im Kampf gegen Hindernisse sein, ebenso können sie Wohlgefühl, Mitgefühl, Bestätigung und Aktivierung bislang wenig gelebter Persönlichkeitsanteile vermitteln, z.B. »Löwenmut« in einer Bewährungssituation. Manchmal übernehmen sie auch qua Delegation Gefühle und Reaktionen, vor denen die Person selbst zurückschreckt: Zorn, Empörung, Wut, Protest und Rache. Auf diese Weise ermöglichen sie unter Umständen eine emotionale Entlastung, die vielleicht vor einer möglichen Konfliktlösung und Versöhnung erst einmal notwendig ist.

### *Das innere Theater*

*Die ganze Welt ist Bühne*
*Und alle Fraun und Männer*
*bloße Spieler.*
*William Shakespeare*

Die folgende Übung kann Ihnen helfen, etwas von der Dramatik aus der Krisensituation herauszunehmen und das Ganze mit mehr Distanz zu betrachten.

#### Übung: Mein aktuelles Drama

Schreiben Sie ein modernes Theaterstück über Ihre gegenwärtige Situation. Wie zu Shakespeares Zeiten steht Ihnen eine ganze Theatertruppe von ehrgeizigen SchauspielerInnen zur Verfügung, die alle gern eine Hauptrolle spielen. Wem geben Sie in Ihrem inneren Drama (oder ist es vielleicht eine Tragikomödie?) die Hauptrolle? In den Entscheidungsdramen, die wir auf der inneren Bühne immer wieder einmal inszenieren, hat das Ich als Regisseur folgende Rollen zu vergeben:

- der Held / die Heldin,
- der innere Kritiker als Gegenspieler,
- die Verbündete, der Freund,
- der innere Feind,
- die oder der weise Alte,
- die Verbannte.

Ferner können in nicht unwichtigen Nebenrollen auftreten:
- der Protestler,
- die Künstlerin,
- der Bedenkenträger,
- die Besserwisserin,
- der Macher,
- die notorische Zweiflerin,
- der Konservative,
- der eingebildete Kranke,
- das Orakel (Kassandra).

Nachdem Sie als Autorin das Stück geschrieben, inszeniert und aufgeführt haben, lassen Sie jetzt einmal die innere Beobachterin (Zuschauerin) und einen begeisterten Kritiker zu Wort kommen. Wie ist der Kommentar dieser Figuren?

### *Das Programm wechseln*

Eine Möglichkeit, mithilfe der Phantasie zu zwanghaften Gedanken, Sorgen und negativen Gefühlen auf Abstand zu gehen, besteht darin, sich vorzustellen, dass Sie all dies als eine Art Fernsehprogramm erleben und dass Sie eine Fernbedienung besitzen, mit der Sie sich in ein anderes Programm einwählen können. Probieren Sie es aus:

#### Imaginationsübung: Mein neues Programm

Schalten Sie von Ihrem Programm mit Katastrophenfilmen auf einen anderen Kanal um: Wählen Sie ein Programm, das aus Filmen mit lebhaften angenehmen Bildern und Erinnerungen besteht. Alle diese Filme haben Sie wie auf DVDs in einer Phantasiebox verfügbar. Mögliche Filme sind:

- Der letzte schöne Urlaub an der Nordsee.
- Ein Besuch bei einer lieben Freundin, der rundum schön war.
- Eine Fahrradtour durch das Münsterland, vorbei an zahlreichen alten Wasserburgen.

Stellen Sie sich mithilfe Ihrer Imagination eine kleine Sammlung solcher schönen Erinnerungsfilme zusammen. Versuchen Sie, bei den schönen Erinnerungsbildern zu lächeln und sich zu entspannen.

### *Den Rucksack leeren*

Bei der folgenden Übung geht es darum zu versuchen, alten Seelenballast loszulassen, damit das Leben wieder etwas leichter wird.

### Imaginationsübung: Ballast loswerden

Stellen Sie sich einmal vor, dass Sie auf Ihrem Rücken einen schweren Rucksack tragen, der Ihre besonderen Lebenserfahrungen, Muster, Konditionierungen, Selbstbilder etc. enthält. Beim Weitergehen spüren Sie, wie beschwerlich es ist, mit einem solchen vollen Rucksack auf Ihrem Lebensweg weiterzuwandern. Es ist an der Zeit innezuhalten, den schweren Rucksack vom Rücken gleiten zu lassen, sich wie befreit aufzurichten, sich hinzusetzen und den Rucksack zu öffnen.

Was entdecken Sie alles in diesem Rucksack? Zum Beispiel steinschwere Sätze wie:

- »Ich muss mit allem allein fertig werden.«
- »Ich darf meinen Partner nicht damit belasten.«
- »Ich schaffe das sowieso nicht.«
- »Anderen geht es ja noch viel schlimmer.«
- »Das konnte auch nur mir passieren, ich hab's ja nicht anders verdient.«
- …

Bei Rucksackinhalten wie diesen handelt es sich um innere Blockade-Sätze, Barrieren, Minderwertigkeitskomplexe, innere Leitsätze, die vielleicht andere mir ins Lebensskript geschrieben haben und die das Leben belasten.

Auch wenn Sie sie schon Jahrzehnte mit sich herumtragen: Was möchten Sie gern hier und heute – wenn nicht jetzt, wann dann? – aus Ihrem Lebensrucksatz auspacken und loswerden?

Stellen Sie sich einmal vor, wie Sie diesen wackersteinschweren Ballast hier zurücklassen, Ihren Rucksack wieder zubinden und sich bereit machen weiterzugehen. Sie können deutlich spüren, wie viel leichter Ihr Rucksack ist, wenn Sie sich von solchen steinschweren Hemmungs- und Blockade-Sätzen wirklich trennen.

Vielleicht können Sie auch ein paar erleichternde Ermutigungssätze unterwegs einsammeln und mitnehmen, wie z. B.: »Das kann ich mir gut zutrauen.« »Ich bin nicht allein auf der Welt.«

### *Mein Erste-Hilfe-Kasten*[93]

In der nächsten Übung geht es darum, für sich selbst eine Liste mit allen Dingen und Aktivitäten zusammenzustellen, die Ihnen in Krisen und schwierigen Situationen guttun und helfen könnten, damit Sie sie wie in einem Erste-Hilfe-Kasten für Notfälle bereit haben.

#### Schreibübung: Was mir guttut und helfen kann

Nehmen Sie sich ein Blatt Papier und listen Sie alle Dinge auf, die in Ihren Erste-Hilfe-Kasten hinein sollen. Die Liste besteht aus drei Sparten:

1. *Dinge und Aktivitäten, die mir guttun, z. B.:*
   - ein warmes Bad nehmen oder eine Dusche,
   - frische Wäsche anziehen, z. B. einen Lieblingspulli,
   - mir einen großen Milchkaffee mit aufgeschäumter Milch zubereiten und dazu ein Stück Kuchen genießen,
   - mir selbst eine Rose schenken,
   - in meiner Lieblingbuchhandlung stöbern,
   - mir eine Massage gönnen,
   - mir eine halbe Stunde Zeit zum Meditieren nehmen,
   - in Ruhe ein Mandala ausmalen,
   - meine Lieblingsgedichte lesen,
   - Urlaubsfotos betrachten,
   - einen Rundgang durch den nächsten Park machen,
   - Musik hören, von der ich weiß, dass sie mir guttut.

2. *Kontakt aufnehmen zu Menschen, die mir guttun, z. B.:*
   - eine der besten Freundinnen anrufen,
   - mit einem früheren Kollegen sprechen, den ich sehr geschätzt habe.

   Listen Sie hier alle Menschen auf, die zu Ihrem engeren und weiteren sozialen Netz gehören und in Krisenfällen hilfreich für Sie sein könnten.

3. *Professionelle und institutionelle Hilfen in Anspruch nehmen. Machen Sie eine Liste mit Adressen und Telefonnummern von professionellen HelferInnen und Krisenhilfeeinrichtungen (siehe dazu auch die Adressen am Ende des Buches), z. B.:*
   - Hausärztin,
   - Psychotherapeut,
   - Beratungsstellen,
   - Telefonseelsorge,
   - Krisenhilfezentrum,
   - Adressen von Selbsthilfegruppen.

Legen Sie diese Liste in Ihr Tagebuch, besorgen Sie sich dafür ein besonderes Kästchen oder legen Sie auf Ihrem PC einen speziellen Ordner hierfür an.

### *Optimismus: Sich zum Pol der Lebensfreude bewegen*

Optimismus und Pessimismus sind grundlegende Denk- und Erlebensmuster, die sich auf die Bewältigung von Krisensituationen wie z.B. Krebserkrankungen besonders auswirken.

Optimismus ist eine Lebensauffassung, bei der alle Ereignisse von der positiven Seite her gesehen und angegangen werden. Er ist eine Haltung von Zuversicht und Hoffnung, dass sich die Dinge zum Guten wenden werden. Aus pessimistischer Perspektive werden die Dinge mit Skepsis, Befürchtungen und in Erwartung möglicher negativer Folgen betrachtet. Der düstere Blick nach vorn kann mit resignativen Tendenzen und einem inaktiven Verharren in einer Situation verbunden sein. Pessimismus wirkt eher hemmend und im Bereich der Bewältigung von Krebserkrankungen auch eher Lebenszeit verkürzend.

Optimismus bedeutet nicht, eine rosarote Brille aufzusetzen, sondern meint, angesichts von Krisen und Schwierigkeiten nach dem jeweils Möglichen zur Verbesserung der Situation zu suchen. Optimisten sind weniger in Gefahr, vorschnell aufzugeben, sie können sich flexibler einer veränderten Situation anpassen, was nach zahlreichen Studien der Gesundheit und dem Wohlbefinden besonders förderlich ist. Optimismus hat mit Lebensbejahung und Lebensfreude zu tun.

Die folgende Übung gibt Ihnen die Möglichkeit, sich durch die Wahl eines »positiven Leitwortes« einmal ganz bewusst zum Pol von Optimismus und Lebensfreude hinzuorientieren.

## Übung: Mein positives Leitwort

Was fällt Ihnen ein zu:

- Abenteuerlust,
- Begeisterung,
- Behagen,
- Dankbarkeit,
- Daseinsbejahung,
- Entspannung,
- Freude,
- Frohsinn,
- Genuss,
- Glück,
- Heiterkeit,
- Lust,
- Leichtigkeit,
- Munterkeit,
- Vergnügen,
- Rausch,
- Schmusen,
- Sich-Amüsieren,
- Spaß,
- Vorfreude,
- Wohlbefinden,
- Wonne,
- Zärtlichkeit,
- Zufriedenheit.

Schmecken Sie alle Wörter mit Bedacht, und wählen Sie dann *eines* aus: ein Wort, dessen Qualitäten Sie in den nächsten Tagen mehr erkunden wollen, ein Wort, das Sinn und Sinne anspricht. Auch wenn Sie es in der Vorstellung (noch) nicht richtig kosten können – vielleicht gibt es doch die Sehnsucht danach, den Wunsch z. B. nach etwas, das Vorfreude weckt und im Bereich Ihrer Möglichkeiten liegt.

### *Begegnung mit der inneren Ratgeberin*

Die Übung, die ich persönlich am hilfreichsten finde, ist ein Besuch bei der inneren Ratgeberin, bei Sophia, der weiblichen Weisheit.[94]

Der Weise Alte, die Heilerin oder die innere Ratgeberin sind archetypische Bilder der Weisheit. Über diese Bilder kann es gelingen, mit einem tiefen inneren Wissen, der Weisheit des Selbst, in Kontakt zu treten. Gerade in schwierigen Situationen, wenn Lösungen nicht leicht gefunden werden, kann der imaginative Dialog mit einer solchen Gestalt zu überraschenden Erkenntnissen und innerer Gewissheit verhelfen. Die Begegnung mit der inneren Ratgeberin kann auf folgende Weise imaginiert werden:

#### Imaginationsübung: Besuch bei Sophia, der inneren Weisheit

Entspannen Sie sich zunächst auf eine Weise, die Ihnen vertraut ist. Erlauben Sie Ihrem Körper, so gut es geht, eine entspannte Haltung einzunehmen. Lassen Sie die einzelnen Glieder locker und schwer werden, oder konzentrieren Sie sich auf Ihren Atem und lassen Sie ihn tief und ruhig ein- und ausfließen. Schließen Sie die Augen, lassen Sie sich durch die Umgebung nicht ablenken. Seien Sie einfach ganz bei sich und genießen Sie diesen Moment.

Nun verlassen Sie den Ort, an dem Sie gerade sind, und machen Sie sich auf den Weg, Ihre eigene innere Weisheit, die Sophia, zu suchen. Wählen Sie einen Weg, und lassen Sie sich dann von diesem führen. Achten Sie darauf, durch welche inneren Seelenlandschaften Ihr Weg Sie führt. Wandern Sie immer weiter, bis Sie von Ferne ein Haus sehen, das von sieben Säulen getragen wird. Es ist das Haus der Sophia, der Weisheit. Es ist gastlich für Sie geöffnet, Sie können eintreten.

Rufen Sie nun nach Sophia und beobachten Sie, ob sie Ihnen aus einem der inneren Gemächer entgegentritt. Bitten Sie sie, sich Ihnen zu erkennen zu geben, in welcher Form und Gestalt auch immer. Sie kann Ihnen in vielen unterschiedlichen Formen erscheinen: als eine alte weise Frau, als eine verstorbene Freundin, vielleicht in einer Tiergestalt oder als ein besonderes Licht. Warten Sie aufmerksam, was nun geschieht.

Wenn Sie ihre Gegenwart spüren und sie – in welcher symbolischen Gestalt auch immer – da ist, so begrüßen Sie sie. Sie können sie nun um einen Rat bitten für Ihre gegenwärtige Lebenssituation, für ein aktuelles Problem, das Sie bedrückt. Seien Sie einfach offen und lauschen Sie, nachdem Sie Ihr Problem und Ihr Anliegen noch einmal formuliert haben; die Stimme der inneren Weisheit ist leise. Lauschen Sie mit dem Herzen auf die Stimme Ihrer eigenen inneren Weisheit. Sie ist ein Teil Ihres höheren Selbst.

Und wenn Sie ihre Botschaft verstanden haben, so bedanken Sie sich bei ihr. Vielleicht möchten Sie ihr noch etwas sagen über die Lasten und Schwierigkeiten Ihres Lebens.

Nun machen Sie sich bereit, sich von der Sophia zu verabschieden. Vielleicht gibt sie Ihnen zum Abschied noch ein Geschenk, bevor sie sich auf stille und fast unmerkliche Weise wieder zurückzieht. Sie machen sich nun wieder auf den Heimweg. Sehen Sie sich noch einmal um und behalten Sie den Weg zu ihr im Gedächtnis, sodass Sie, wann immer es nötig ist, an diesen Ort zurückkehren können. Sie gehen denselben Weg zurück und erreichen jetzt wieder Ihren gegenwärtigen Ort und Raum, öffnen langsam die Augen und sind wieder wach und präsent im Hier und Jetzt.

Ein schönes Symbol für eine meditative Haltung ist die Schildkröte. Die Schildkröte steht für Ausdauer, Rückzug und Selbstgenügsamkeit. Sie kann sich in ihren Schutzpanzer, ihr Gehäuse, zurückziehen und ist daher auch ein Symbol für Selbstbesinnung, Innenschau und Meditation. In Indien gilt sie zudem als Symbol für Weisheit und – wegen ihres langen Lebens – für Unsterblichkeit. So kann das Symbol der Schildkröte dazu einladen, von Zeit zu Zeit in Rückzug zu gehen, sich vor ständigen Anforderungen und Reizüberflutung zu schützen, die äußeren Sinne gleichsam einzuziehen und sich Zeit und Muße zur Selbstbesinnung zu nehmen.

Alle spirituellen Traditionen empfehlen, sich regelmäßig eine Zeit der Stille zu gönnen, um aus der Zerstreuung wieder in die Sammlung zu kommen. Dies gilt ganz besonders für Zeiten, die wir als sehr kritisch und belastend erleben. Dann ist ein solches Atemholen der Seele umso not-wendiger.

Gerade in den besonders schwierigen Lebenssituationen klagen Menschen darüber, dass sie ruhelos, gereizt und nervös sind und einfach keine Ruhe finden können. Sie kreisen um das, was ihnen Kummer und Sorgen macht, flüchten in Geschäftigkeit und Ablenkungen, haben sogar Angst davor, zur Ruhe und zur Besinnung zu kommen. Die innere Leere wird mit hektischer Betriebsamkeit kompensiert, und da sie nicht mehr abschalten können, geraten sie so in ein noch größeres Ungleichgewicht.

Auch wenn es zunächst schwierig ist und es keinen Schalter gibt, um einfach ab- und umzuschalten, lohnt es dennoch, den Versuch zu wagen, der eigenen inneren Anspannung und Ruhelosigkeit anders zu begegnen, in sich selbst einen Raum der Stille zu suchen. Meditation ist ein Weg, in einen Zustand der Ruhe und Gelassenheit zu kommen. Es geht nicht darum, gegen Hektik, Stress und Unruhe anzukämpfen, sondern darum, in sich den Wunsch nach Beruhigung, Entspannung und Stille – trotz vieler offener Fragen und ungelöster Probleme – zu stärken und damit vielleicht in einen besseren inneren Zustand zu kommen.

## Anleitung zur Meditation

Meditation ist eine Form, das wache Bewusstsein mit dem Hier-und-Jetzt-Dasein zusammenzubringen. Die einfachste und grundlegende Form, Meditation zu lernen und zu üben, ist, sich zu entspannen. Lassen Sie sich von der folgenden Anleitung in die Meditation führen:

### Meditationsübung: Bewusst im Hier und Jetzt

Wählen Sie eine bequeme Haltung mit aufrechtem Rücken, in der der Körper sich wohl fühlen kann.

- Schließen Sie die Augen oder blicken Sie ruhig vor sich hin. Erlauben Sie sich, für diese kleine Zeitinsel von allen Anforderungen und Sorgen frei zu sein, indem Sie sich sagen: »Ich muss jetzt gar nichts müssen.«
- Gehen Sie mit liebevoller Achtsamkeit von den Fußspitzen bis zum Scheitel durch den Körper und erlauben Sie dem Körper, sich zu entspannen.
- Atmen Sie ruhig in Ihrem eigenen Atemrhythmus, ohne ihn verändern zu wollen.
- Richten Sie Ihre Aufmerksamkeit auf das Ein- und Ausatmen oder wählen Sie ein Ankerwort (z. B. Frieden, Stille, Annehmen, Loslassen), zu dem Sie immer wieder zurückkehren, wenn die Gedanken anfangen zu wandern.
- Halten Sie die Zeiteinheit, die Sie vorher bestimmt haben (je nach bisheriger Übung 10–30 Minuten), ein.

Das Meditieren gelingt am besten, wenn man daraus eine regelmäßige Gewohnheit macht.

Die nachfolgenden Übungen der Meditation und Selbstbesinnung sollen Ihnen helfen, sich selbst wieder besser auszubalancieren, in die eigene Mitte zu finden. Dazu gehört, die Rhythmen des Lebens zu beachten, denn unser äußeres und inneres Gleichgewicht ist von ihnen bestimmt: Wir brauchen den Rhythmus von Ein- und Ausatmen, den Schlaf-Wach-Rhythmus, den Rhythmus von Nahrungsaufnahme und Verdauung, von Bewegung und Ruhe, von Aktivität und Passivität, von Anspannung und Entspannung, von Zeit für sich allein und Zeit mit anderen. Das Herz braucht seinen Rhythmus und Herzrhythmusstörungen können lebensgefährlich sein.

Gerade dann, wenn in Krisenzeiten das innere Gleichgewicht bedroht ist, ist es wichtig, danach zu suchen, was helfen kann, wieder in Balance zu kommen, die gestörten Rhythmen wieder in Ausgleich zu bringen, sich auf sich selbst zu besinnen.

### *Nachdenken über Ruhe und Stille*

Die folgenden Fragen sollen Ihnen helfen, aus innerer Unruhe einen Weg zur Beruhigung zu finden.

#### Fragen: Meine Erfahrungen mit Stille

1. An welchem Ort kann ich am besten ruhig werden?
2. Woran denke ich besonders oft, wenn ich allein bin?
3. Um was sorge ich mich gegenwärtig besonders, was macht mich unruhig oder gar ruhelos?
4. Welche Musik hilft mir, mich zu beruhigen?
5. Wie fühlt es sich an, wenn ich voller Unruhe bin?
6. Welche besonderen Erfahrungen von Stille hat es in meinem Leben gegeben?
7. Wie fühlt sich Ruhe an: in meinen Händen, Füßen, im Bauchraum, Brustraum, im Kopf, in den Ohren?
8. Welche(s) Geräusch(e) sind typisch für mich?
9. Wie erlebe ich:
   - die Stille eines Steins,
   - die Stille einer Kerze,
   - die Stille einer schlafenden Katze?
10. Wie unterscheiden sich für mich Abendstille, Morgenstille und Mittagsstille?
11. Wie erlebe ich Schweigen? Gibt es etwas, vor dem ich mich im Schweigen fürchte?
12. Wonach sehne ich mich?
13. Was sind für mich Geschenke der Stille?

Lächeln Sie eine Weile still vor sich hin, lassen Sie bei jedem Ausatmen etwas mehr los, achten Sie auf die kleine Pause zwischen Einatmen und Ausatmen und stellen Sie sich vor, dass beim Einatmen neue Energie in Sie einströmt.

### Steinmeditation

Auch Gegenstände können eine Hilfe bei der Meditation sein. Versuchen Sie einmal, mithilfe eines Steins in die innere Stille zu gelangen:

#### Meditationsübung: Sich vom Stein in die Stille führen lassen

Nehmen Sie einen Stein in die Hand, den Sie vielleicht bei einer Wanderung gefunden oder vom letzten Strandurlaub mitgebracht haben, und betrachten Sie ihn, als sähen Sie ihn zum ersten Mal.

Legen Sie den Stein vor sich hin und betrachten Sie ihn. Er bewegt sich nicht, liegt einfach ruhig da.

Versuchen Sie beim Betrachten, die Besonderheit und Einzigartigkeit dieses Steins zu erfassen. Auch jeder Kieselstein ist einzig.

Wo könnte er herkommen? Was ist seine Geschichte? Vielleicht ist er aus einem Fels gebrochen oder er wurde lange Zeit in einem Geröllfeld geschoben, gestoßen, gerieben.

Vielleicht hat die sanfte Kraft des Wassers ihn umflossen und mit unendlicher Geduld fließend an ihm gearbeitet, bis er seine runde, anschmiegsame Form erhalten hat.

Können Sie nachspüren, was es heißt, abgerieben, abgerundet zu werden? Versuchen Sie, das Werden und die Geschichte dieses Steins mithilfe Ihrer Phantasie nachzuvollziehen: Feuer, Wasser, Erde und Wind haben diesen Stein geformt – wie ist das geschehen?

Schließen Sie jetzt die Augen und sehen Sie den Stein vor Ihrem inneren Auge. Berühren Sie ihn innerlich. Wie fühlt er sich an?

Wechseln Sie einige Male mit Bedacht zwischen dem genauen Betrachten und dem inneren Schauen mit geschlossenen Augen hin und her.

Versuchen Sie, das unendlich langsame, geduldige, sich über viele Jahrtausende erstreckende Werden dieses Steins nachzuvollziehen, seine Ausstrahlung der Ruhe in sich aufzunehmen, selbst dabei still zu werden.

Der persische Sufimystiker Rumi sagt: »Gott schläft im Stein.«

### *Kerzenmeditation*

Auch eine Kerze kann Ihnen helfen, in die Ruhe zu kommen und sich des eigenen inneren Lichts bewusst zu werden.

#### Meditationsübung: Das Licht der Kerze

Zünden Sie eine Kerze aus Bienenwachs an und stellen Sie sie vor sich hin.

Betrachten Sie sie ruhig: den festen Körper aus Wachs, den brennenden Docht, und beobachten Sie, wie die Kerzenflamme aufsteigt und größer wird, wie langsam, durch die Flamme erwärmt, das Wachs schmilzt. Das flüssige Wachs strömt in den Docht und wird von der Flamme verzehrt.

Gehen Sie mit Ihrer Phantasie auf eine Reise zu einem Bienenstock, der nahe bei einer blühenden Sommerwiese steht, und sehen Sie, mit wie viel Mühe die Bienen immer wieder ausschwärmen und Blütenpollen sammeln, aus unzähligen Wiesenblumen – ein ganzes Meer von Blüten, das die Natur bereitgestellt hat.

Sehen Sie die Menge an Honig und Wachs im Bienenstock, die ein sorgsamer Imker nun einsammelt.

Sehen Sie, wie Kerzen daraus gezogen werden und wie, auf dem weiteren Weg des Handels und Verkaufs, diese Gaben der Natur zu Ihnen gelangt sind, um Ihnen das kleine Wunder des Kerzenlichts zu schenken.

Betrachten Sie die Kerze erneut, mit Staunen und Dankbarkeit.

Die Kerze braucht Sauerstoff – wie Sie. Sie nehmen – wie die Kerze – Sauerstoff aus dem gleichen Luftraum auf.

Versuchen Sie, immer stiller und ruhiger zu werden, während Sie in das stille Brennen der Kerze schauen und mit der Flamme zusammen atmen.

Die Kerze strömt Wärme und Licht aus. Auch wir Menschen strömen Wärme und Licht aus; Licht (Biophotonen) gibt es in jeder Körperzelle.

Schließen Sie jetzt die Augen, nehmen Sie sich selbst wahr als Wesen, das Wärme und Licht sendet. Lassen Sie vor Ihrem inneren Auge ein helles Licht aufleuchten und fühlen Sie sich darin ruhig und geborgen.

## *Gönne dich dir selbst: Sich selber gut sein*

In einem Brief von Bernhard von Clairvaux an Papst Eugen III. stehen die folgenden Sätze und Ermahnungen:

> »Wenn Du Dein ganzes Leben und Erleben völlig ins Tätigsein verlegst und keinen Raum mehr für die Besinnung vorsiehst, soll ich Dich da loben? [...]
>
> Wenn also alle Menschen ein Recht auf Dich haben, dann sei auch Du selbst ein Mensch, der ein Recht auf sich selbst hat. Warum solltest einzig Du selbst nichts von Dir haben? Wie lange bist Du noch ein Geist, der auszieht und nie wieder heimkehrt (Ps 78,39)? Wie lange noch schenkst Du allen andern Deine Aufmerksamkeit, nur nicht Dir selber? [...] Bist Du Dir etwa selbst ein Fremder? Und bist Du nicht jedem fremd, wenn Du Dir selber fremd bist? Ja, wer mit sich selbst schlecht umgeht, wem kann der gut sein? Denke also daran: Gönne Dich Dir selbst. Ich sage nicht: Tu das immer, ich sage nicht: Tu das oft, aber ich sage: Tu es immer wieder einmal. Sei wie für alle anderen auch für Dich selbst da, oder jedenfalls sei es nach allen anderen.«[95]

Gute Selbstsorge meint nicht, egozentrisch zu sein und sich nur noch um sich selbst zu kümmern, sondern bedeutet, die Verantwortung für das eigene Wohlergehen auf erwachsene Weise zu übernehmen. Viele hilfreiche Gedanken dazu sind auch in den Texten von Wilhelm Schmid zur »Philosophie der Lebenskunst«[96] zu finden. Aber schon der mittelalterliche Mönch Bernhard von Clairvaux wusste Wesentliches dazu zu sagen, das auch für Menschen des 21. Jahrhunderts hilfreich sein kann:

> »Es ist viel klüger, Du entziehst Dich von Zeit zu Zeit Deinen Beschäftigungen, als dass sie Dich ziehen und Dich nach und nach an einen Punkt führen, an dem Du nicht landen willst. [...] An den Punkt, wo das Herz hart wird.«[97]

#### Übung: Gönne dich dir selbst

Lassen Sie sich selbst einmal ansprechen mit der Ermahnung: »Gönne dich dir selbst!« Was fällt Ihnen dazu ein? Welche Formen, sich selbst gut zu sein, können Sie genießen? Was für Rückzugsmöglichkeiten gäbe es für Sie? Was könnten Sie sich heute noch gönnen?

Gute Selbstsorge bedarf der ständigen Achtsamkeit. Dabei sind viele Aspekte in Betracht zu ziehen, z. B.:

- der Umgang mit dem eigenen Körper und seinen Bedürfnissen zur Gesunderhaltung,
- die Pflege von Beziehungen innerhalb von Partnerschaft, Familie und Freundschaften,
- der adäquate Umgang mit der Lebenszeit und den Grenzen der persönlichen Belastbarkeit sowie des jeweiligen Lebensalters,
- das Fördern geistiger und kultureller Ressourcen,
- die gelebte eigene Spiritualität als Quelle (res-source) für Halt und Sinn im Leben.

### *Umgang mit der Lebenszeit*

Ein weiterer wichtiger Punkt im Rahmen des Themas »Gute Selbstsorge« ist das persönliche Verhältnis zur Zeit und der Umgang mit der Lebenszeit. Der folgende Fragebogen lädt Sie dazu ein, innezuhalten, um Ihre Umgangsweisen mit Ihrer Zeit zu bedenken und zu überprüfen.

#### Fragen: Umgang mit der Lebenszeit

1. Was kennzeichnet Ihr Verhältnis zur Zeit?
   - Sie ist immer zu knapp.
   - Zeit ist vor allem Arbeitszeit.
   - Sie läuft mir davon, ich laufe hinter ihr her.
   - Zeit haben ist Luxus.
   - Viel freie Zeit ist öde.
   - Ich habe ständig Zeitdruck.
   - Ich habe immer Zeit für das, was gerade ansteht.
2. Wofür haben Sie überhaupt keine Zeit?

3. Was ist die schönste Zeit Ihres Lebens?
4. Wann vertreiben Sie sich die Zeit? Womit?
   - Kennen Sie »Zeit totgeschlagen«?
   - Sind Sie WiederholungstäterIn?
5. Gibt es neben Zeitplänen auch Zeitinseln für Sie? Welche?
6. Was fällt Ihnen zu dem Spruch von Ödön von Horváth ein: »Eigentlich bin ich ganz anders, nur komme ich so selten dazu«?
7. Was sind Ihre Erste-Hilfe-Maßnahmen bei Zeitnot?
8. Was machen Sie am liebsten ganz, ganz langsam?
9. Was könnten Sie für sich selbst zur Entschleunigung tun?
10. Begründen Sie für sich selbst das Recht auf Faulheit.
11. Für was ist es zurzeit allerhöchste Zeit in Ihrem Leben?

### *Nachdenken über mich selbst*

Auch der folgende Fragebogen gehört zum Kontext guter Selbstsorge und ermutigt Sie – immer einmal wieder –, eine kleine Selbstdiagnose zu stellen.

#### Fragen: Gute Selbstsorge

1. Wie fühle ich mich gegenwärtig?
2. Wann habe ich das letzte Mal geweint?
3. Was erfreut mich? Worüber kann ich herzhaft lachen?
4. Was ärgert mich?
5. Welche Personen, Ereignisse, Tätigkeiten, Orte und Dinge geben mir Kraft, Lust, Mut?
6. Was entzieht mir Kraft und Lebenslust, d.h. deprimiert mich?
7. Was sagen meine Träume?
8. Was belastet mich zurzeit besonders?
9. Was sollte ich lassen?
10. Was ängstigt mich?
11. Welche Freudenbringer gibt es in meinem täglichen Leben?
12. Was beruhigt, besänftigt und tröstet mich?
13. Was sagt mir mein gegenwärtiges Lebensalter?
14. Wie steht's mit meinem Vertrauen in mich selbst?
15. Was kann ich tun für mein seelisches Wohlbefinden?
16. Welche weiteren wichtigen Fragen zu meinem seelischen Befinden sind noch zu stellen?

## Schluss: An Krisen wachsen

»Es liegt im Wesen der Krise selbst, in ihrem Wesen als Einengung und Zuspitzung, dass ein Durchbruch entsteht: neue Lebensmöglichkeiten und Qualitäten des Erlebens werden erfahrbar, eröffnen sich dem Menschen in der Krise, oder aber es erfolgt ein Zusammenbruch, allenfalls wird der Tod als Ausweg gesucht«[98], so schreibt Verena Kast am Ende ihres Buches über Krisen. Es liegt auch im Wesen der Krise, dass ihre Chancen und neuen Möglichkeiten in den Zeiten der Krise selbst meist noch nicht wahrgenommen werden können, sondern sich erst im Nachhinein zeigen.

Was bedeutet es, eine Krise zu bewältigen und – wenn man akzeptieren kann, dass eine Krise auch eine Lernaufgabe ist, die das Leben einem stellt – was lässt sich daraus lernen?

Mit der Bewältigung der Krise gewinnt man die eigene Handlungsfähigkeit zurück. Man hat sich selbst besser kennengelernt, hat es geschafft, sich auf eine veränderte Lebenssituation neu einzustellen, kann wieder Lebensperspektiven entwickeln. Trotz der Erfahrung, dass das Leben nicht nach Plan verläuft, kann der Blick wieder nach vorne gerichtet werden. Das Helle und das Dunkle suchen wie Yin und Yang wieder ein Gleichgewicht, die Waagschalen von Lebenslast und Lebenslust pendeln sich wieder ein.

Und was kann man aus der Bewältigung einer Krise lernen? In einer Zeit krisenhafter Veränderungen in so vielen gesellschaftlichen Lebensbereichen ist immer öfter von einer notwendigen Krisenkompetenz die Rede. Was könnte das bedeuten?

Fragt man Menschen nach überstandener Krise, was sie aus der Krise gelernt haben, was ihnen wichtige Erkenntnisse und Einsichten waren, so gibt es häufig Antworten wie die folgenden:

- »Die Krise hat bei mir den Glauben an mich selbst und meine Fähigkeit, mit Schwierigem umzugehen, verstärkt.«
- »Mir ist klar geworden, wie wichtig es ist, sich nicht nur oder nicht mehr als Opfer zu fühlen.«
- »Ich habe verstanden, wie wichtig in der Krise ein Perspektivwechsel ist – raus aus dem Tunnelblick –, um herauszufinden, was in einer gegebenen Situation doch noch geht.«
- »Das Schicksal annehmen und nicht dagegen ankämpfen.«

- »Ich bin wirklich frei geworden für Neues und habe Hoffnung, nach der Trennung wieder einen Partner zu finden.«
- »Ich wünschte, es wäre nicht passiert, aber es hat mich stärker und reicher an Lebenserfahrung gemacht.«

Manche Lebenskrisen haben etwas Sphinxhaftes. Die Sphinx gibt den Menschen seit alters her Rätsel auf. Und so stellen uns manche Lebenskrisen die rätselhafte Frage: Wozu? Welcher Sinn könnte darin verborgen sein?

Und das Suchen und Finden der Antwort geht manchmal weit über die Zeit der Krise hinaus.

## Nachwort

Das Entstehen eines Buches ist immer ein Gemeinschaftswerk – trotz der einsamen Schreibstunden einer Autorin beim Verfassen der Texte. Aber dem Buch vorausgegangen sind unzählige Stunden geteilten Lebens mit Menschen, die sich mir in ihren Lebenskrisen anvertraut haben, die mich teilnehmen ließen an ihren Erfahrungen, ihren Nöten und ihren Wegen aus Krisen heraus. Ihnen vor allem möchte ich danken für alles, was sie mich über die Schatten- und Lichtseiten des Lebens gelehrt haben. Wer Hilfe und Beistand geben darf, wird selbst reich beschenkt mit Lebenswissen.

Danken möchte ich meiner Lektorin, Dr. Christiane Neuen, für ihre unterstützende Begleitung und meiner lieben Freundin Anne für das Übertragen von schwer lesbaren handschriftlichen Manuskripten in gedruckten Text.

Meinem Mann möchte ich danken für seine Geduld und den großmütigen Verzicht auf gemeinsame Urlaubstage in Schweden.

Nicht zuletzt gilt mein Dank allen Menschen im Verlagswesen, die mit ihrer oft unsichtbaren Hintergrundarbeit dazu beitragen, dass ein Buch zustande kommt.

Den Leserinnen und Lesern wünsche ich, dass sie im Buch finden, was ich intendiert habe: Ermutigung für schwierige, kritische Zeiten in ihrem Leben, und dass sie sich ein bisschen besser zurechtfinden in den Labyrinthen des Lebens.

Autor und Leser eines Buches bilden eine geheimnisvolle Zweiheit, für die vielleicht auch ein Wort von C. G. Jung gilt:

»Das lebendige Geheimnis des Lebens ist immer zwischen Zweien verborgen, und es ist das wahre Mysterium, das Worte nicht verraten und Argumente nicht erschöpfen können.«[99]

Wandelt sich rasch auch die Welt
wie Wolkengestalten,
alles Vollendete fällt
heim zum Uralten.

Über den Wandel und Gang,
weiter und freier,
währt noch dein Vor-Gesang,
Gott mit der Leier.

Nicht sind die Leiden erkannt,
nicht ist die Liebe gelernt,
und was im Tod uns entfernt,

ist nicht entschleiert.
Einzig das Lied überm Land
heiligt und feiert.

*Rainer Maria Rilke*[100]

# Anmerkungen

1 Vgl. Holmes/Rahe (1967).
2 Hier sind besonders die Studien von Emmy Werner wegweisend gewesen. Sie hatte auf der Insel Hawaii Kinder in einer Langzeitstudie über 40 Jahre lang begleitet und ihre weitere Entwicklung beobachtet. Vgl. Werner (2006).
3 Welter-Enderlin (2010), S. 16.
4 Dieses Kapitel enthält überarbeitete Passagen aus: Dorst (2010) sowie aus: Dorst (2006).
5 Dalai Lama (2004), S. 13.
6 Ebd., S. 15.
7 Frankl (1987), S. 26.
8 Vgl. Dorst (2010), S. 185.
9 Jung (1945/1954, 1978), GW 13, § 476.
10 Vgl. Baumeister (1991).
11 Vgl. Dorst (2010), S. 185.
12 Habermas (2006).
13 Jung (1940/1948, 1971), GW 11, § 172.
14 Riedel (2005), S. 168.
15 Ebd., S. 184.
16 Jung (1928, 1971), GW 8, § 28.
17 Jung (1932/1948, 1971), GW 11, § 497.
18 Vgl. Dorst (2010), S. 187 f.
19 Jung (1979), S. 89.
20 Die personenspezifischen Daten der Menschen, deren Lebenssituationen und Schicksale in diesem Buch dargestellt sind, wurden zum Zweck der Anonymisierung in allen Fallbeispielen entsprechend verändert.
21 Rilke (1996), S. 346.
22 Domin (1987), S. 294.
23 Sonneck (2000), S. 15.
24 Vgl. Hoffmann/Hofmann (2008), S. 1.
25 Vgl. Erikson (1959).
26 Vgl. Kast (1987/2009), S. 46 ff.
27 Weischedel (1980).
28 Rilke (1996), S. 463 f.
29 Vgl. Gender-Datenreport (2005), S. 215.
30 Kast (2000), S. 30.
31 Bodenmann/Cina (1999).
32 Nietzsche (1993), II, § 75.
33 Dieses Kapitel enthält überarbeitete Passagen aus: Dorst (2010).
34 Vgl. Dorst (2010), S. 188.
35 Kast (1987, 2009).
36 Dieser Abschnitt enthält überarbeitete Passagen aus: Dorst (2006).
37 Vgl. Dorst (2006), S. 200 f.
38 Vgl. ebd., S. 201.
39 Vgl. Ringel (1969, 1984).

40 Vgl. Erlemeier (2001), S. 39.
41 Ebd., S. 39.
42 Vgl. ebd.
43 Vgl. Henseler (1984).
44 Vgl. Freud (1975).
45 Vgl. Kübler-Ross (1986) und (1987).
46 Viorst (1988), S. 285.
47 Vgl. Rogers (1976).
48 Vgl. Grawe (1994).
49 Jung (1943, 1981), GW 18/II; § 1813.
50 Straumann (1992), S. 16 f.
51 Vgl. Sonneck (2000).
52 Dieses Kapitel enthält überarbeitete Passagen aus: Dorst (2007b).
53 Kast (1990, 2010), S. 26.
54 Vgl. Dorst (2007b), S. 24.
55 Kuntz (2009), S. 27.
56 Kast (1990, 2010), S. 40.
57 Jacobi (1981), S. 35.
58 Lauf (1976), S. 35
59 Ebd., S. 37.
60 Bauer/Dümotz/Gologin (1980), S. 12.
61 Zum Beispiel in der Schrift *Ziele der Psychotherapie*, in: GW 16, § 99.
62 Vgl. Dorst (2007b), S. 33.
63 Hesse (1997), S. 676.
64 Vgl. Pera (1999), S. 85 f.
65 Hesse (1997), S. 472.
66 Hesse, in: Honnefelder (1977), S. 89.
67 Rilke (1996), S. 180 f.
68 Vgl. Lurker (1990), S. 112.
69 Bachmann (1987), S. 67.
70 Steggink/Kleyn-Altenburger (1979), S. 13.
71 Kunze (1969), S. 51.
72 Goethe (1979/1948).
73 Rilke (1996), S. 199.
74 Riedel (1985), S. 133.
75 Jung (1943, 1972), GW 12, § 6.
76 Vgl. Jaskolski (1994), S. 95.
77 Steiner (2002), Zweites Bild.
78 Candolini (1999).
79 Pascal (1960), S. 9.
80 Ebd., S. 47.
81 Jung (1961/1984), S. 251.
82 Goethe (1790/1954), 3. Aufzug, 2. Auftritt, S. 261 f.
83 Fried (1990), S. 35.
84 Diese Herzensmeditation formuliere ich in der herzlicheren Du-Form.
85 Dieser Abschnitt enthält überarbeitete Passagen aus: Dorst (2007b).
86 Vgl. Dorst (2007b), S. 86.
87 Kast (1998), S. 163.

88 Brüder Grimm (1997), S. 180–189. (Rechtschreibung und Interpunktion behutsam modernisiert.)
89 Ebd., S. 809. (Rechtschreibung und Interpunktion behutsam modernisiert.)
90 Die Geschichten stammen aus verschiedenen spirituellen Traditionen und wurden über Jahrhunderte mündlich überliefert. Ich selbst habe sie irgendwo gehört oder gelesen und erzähle sie mit eigenen Worten nach.
91 Jung (1929/1969, 1971), GW 16, § 99.
92 Diese Übung ist übernommen aus: Dorst (2007 b), S. 130.
93 Zu dieser Übung wurde ich inspiriert und angeregt durch Ellen Spangenbergs Übung »Mein persönlicher Notfall-Koffer«, in: Spangenberg (2008), S. 75.
94 Diese Übung ist übernommen aus: Dorst (2007b), S. 132 f.
95 Bernhard von Clairvaux (1990), S. 75 f.
96 Schmid (1998).
97 Bernhard von Clairvaux (1990), S. 74.
98 Kast (1987/2009), S. 212.
99 Jung (1973), Briefe III, S. 328.
100 Rilke (1996), S. 687.

# Literatur

Aronson, E. / Pines, A. M / Karfy, D. (1983): Ausgebrannt. Vom Überdruss zur Selbstentfaltung. Klett-Cotta, Stuttgart.

Bachmann, I. (1987): An die Sonne. In: Anrufung des Großen Bären. Gedichte. 10. Aufl. Piper, München, S. 67.

Bauer, W. / Dümotz, I. / Gologin, S. (1980): Lexikon der Symbole. Fourier, Wiesbaden.

Baumeister, R. (1991): Meanings of Life. Guilford, New York.

Bernhard von Claivaux (1990): Gotteserfahrung und Weg in die Welt. Herausgegeben, eingeleitet und übersetzt von B. Schellenberger. Walter, Olten / Freiburg i. Br.

Betz, O. (2009): Elementare Symbole. Die Zeichensprache der Seele. Herder, Freiburg i. Br.

Bodenmann, G. (2002): Beziehungskrisen erkennen, verstehen und bewältigen. Huber, Bern.

Brüder Grimm (1997): Kinder- und Hausmärchen. 15. Aufl. Artemis & Winkler, Zürich/Düsseldorf.

Candolini, G.(1999): Labyrinthe. Ein Praxisbuch zum Malen, Bauen, Tanzen, Spielen, Meditieren und Feiern. Pattloch, Augsburg.

Dalai Lama (2004): Mein Wegweiser zum Glück. Mit H. C. Cutler. Bastei Lübbe, Bergisch Gladbach.

Diegelmann, C. (2006): Ressourcenorientierte imaginative und kreative Techniken in der Psychoonkologie. In: S. Ditz / C. Diegelmann / M. Isermann (Hg.): Psychoonkologie – Schwerpunkt Brustkrebs. Ein Handbuch für die ärztliche und psychotherapeutische Praxis. Kohlhammer, Stuttgart, S. 264–287.

Diegelmann, C. / Isermann, M. (Hg.) (2010): Ressourcenorientierte Psychoonkologie. Psyche und Körper ermutigen. Kohlhammer, Stuttgart.

Domin, H. (1987): Gesammelte Gedichte. S. Fischer, Frankfurt/M.

Dorst, B. (1988): Trennung und Trauern – der Weg zurück ins Leben. In: Wege zum Menschen 40, S. 437–446.

Dorst, B. (2006): Burn-out-Prophylaxe und die Sorge um sich selbst. In: S. Ditz / C. Diegelmann / M. Isermann (Hg.): Psychoonkologie – Schwerpunkt Brustkrebs. Ein Handbuch für die ärztliche und psychotherapeutische Praxis. Kohlhammer, Stuttgart, S. 198–205.

Dorst, B. (2007a): Altern als Lebenskrise und Reifungschance. In: Jung-Journal. Forum für Analytische Psychologie 18, S. 4–9.

Dorst, B. (2007b): Therapeutisches Arbeiten mit Symbolen. Kohlhammer, Stuttgart.

Dorst, B. (2010): Erkrankung, Sinnfragen und Spiritualität. In: C. Diegelmann / M. Isermann (Hg.): Ressourcenorientierte Psychoonkologie. Psyche und Körper ermutigen. Kohlhammer, Stuttgart, S. 184–193.

Dross, M. (2001): Krisenintervention. Hogrefe, Göttingen.

Erikson, E. H. (1959): Identität und Lebenszyklus. Suhrkamp, Frankfurt/M.

Erlemeier, N. (2001): Suizidalität und Suizidprävention im Alter. Schriftenreihe des BMFSFJ. Bd. 212. Kohlhammer, Stuttgart.

Fengler, J. (1991): Helfen macht müde. Zur Analyse und Bewältigung von Burnout und beruflicher Deformation. Pfeiffer, München.

Filipp, S.-H. / Aymanns, P. (2010): Kritische Lebensereignisse und Lebenskrisen. Vom Umgang mit den Schattenseiten des Lebens. Kohlhammer, Stuttgart.

Frankl, V. (1987): Ärztliche Seelsorge. S. Fischer, Frankfurt/M.

Freud, S. (1946): Trauer und Melancholie. In: Gesammelte Werke. Band 10: Werke aus den Jahren 1913–1917. Hg. von A. Freud et al. S. Fischer, Frankfurt/M., S. 428–446.

Fried, E. (1990): Als ich mich nach dir verzehrte. Gedichte von der Liebe. Wagenbach, Berlin.

Gender-Datenreport (2005): 1. Datenreport zur Gleichstellung von Frauen und Männern in der Bundesrepublik Deutschland. Im Auftrag des Bundesministeriums für Familie, Senioren, Frauen und Jugend. Hg. von W. Cornelißen. Erstellt durch das Deutsche Jugendinstitut in Zusammenarbeit mit dem Statistischen Bundesamt. www.bmfsfj.de/Publikationen/genderreport/root.html.

Goethe, J. W. von (1779/1948): Gesang der Geister über den Wassern. In: Sämtliche Werke in 18 Bänden. Hg. von E. Beutler unter Mitarbeit zahlreicher Fachgelehrter. Band 1: Sämtliche Gedichte. Erster Teil: Die Gedichte der Ausgabe letzter Hand. Artemis, Zürich, S. 306 f.

Goethe, J. W. von (1790/1954): Torquato Tasso. Ein Schauspiel. In: Sämtliche Werke in 18 Bänden. Hg. von E. Beutler unter Mitarbeit zahlreicher Fachgelehrter. Band 6: Die Weimarer Dramen. Artemis, Zürich, S. 213–314.

Golan, N. (1983): Krisenintervention. Strategien psychosozialer Hilfen. Lambertus, Freiburg i. Br.

Grawe, K. (1998): Psychologische Therapie. Hogrefe, Göttingen.

Gschwend, G. (2002): Notfallpsychologie und Trauma-Akuttherapie. Ein kurzes Handbuch für die Praxis. Huber, Bern.

Habermas, J. (2006): Die neue Unübersichtlichkeit. Kleine politische Schriften V. 7. Aufl. Suhrkamp, Frankfurt/M.

Haller, M. (Hg.) (1986): Freiwillig sterben – freiwillig? Selbstmord, Sterbehilfe, Suchttod. Spiegel-Buch. Rowohlt, Reinbek b. Hamburg.

Hämmerling, E. (1990): Sonnenfeuer. Das Wunder der Lebensenergie. Kreuz, Stuttgart.

Hesse, H. (1997): Die Gedichte. 4. Aufl. Suhrkamp, Frankfurt/M.

Hoffmann, N. / Hofmann, B. (2008): Anpassungsstörung und Lebenskrise. Material für Therapie, Beratung und Selbsthilfe. Beltz, Weinheim.

Holmes, T. H. / Rahe, R. H. (1967): The social readjustment rating scale. In: Journal of Psychosomatic Research 11, S. 213–218.

Honnefelder, G. (Hg.) (1977): Das Insel-Buch der Bäume. Insel, Frankfurt/M.

Hüther, G. (2004): Die Macht der inneren Bilder. Wie Visionen das Gehirn, den Menschen und die Welt verändern. Vandenhoeck & Ruprecht, Göttingen.

Jacobi, J. (1981): Vom Bilderreich der Seele. Wege und Umwege zu sich selbst. Walter, Olten.

Jaskolski, H. (1994): Das Labyrinth. Symbol für Angst, Wiedergeburt und Befreiung. Kreuz, Stuttgart.

Jung, C. G. (1928, 1971): Über die Energetik der Seele. In: GW 8, §§ 1–130.
Jung, C. G. (1929/1969, 1971): Ziele der Psychotherapie. In: GW 16, §§ 66–113.
Jung, C. G. (1932/1948, 1971): Über die Beziehung der Psychotherapie zur Seelsorge. In: GW 11, §§ 488–538.
Jung, C. G. (1934/1950, 1976): Zur Empirie des Individuationsprozesses. In: GW 9/I, §§ 525–626.
Jung, C. G. (1940/1948, 1971): Versuch einer psychologischen Deutung des Trinitätsdogmas. In: GW 11, §§ 169–295.
Jung, C. G. (1943, 1972): Einleitung in die religionspsychologische Problematik der Alchemie. In: GW 12, §§ 1–43.
Jung, C. G. (1943, 1981): Ein Gespräch mit C.G. Jung über Tiefenpsychologie und Selbsterkenntnis. In: GW 18/II, §§ 1803–1817.
Jung, C. G. (1945/1954, 1978): Der philosophische Baum. In: GW 13, §§ 304–482.
Jung, C. G. (1961/1984): Erinnerungen, Träume, Gedanken. Hg. von A. Jaffé. Walter, Olten.
Jung, C. G. (1971 ff.): Gesammelte Werke (GW). 20 Bde. Hg. von L. Jung-Merker / E. Rüf / L. Zander et al. Walter, Olten/Düsseldorf.
Jung, C. G. (1973): Briefe. Bd. III. Hg. von A. Jaffé in Zusammenarbeit mit G. Adler. Walter, Olten.
Jung, C. G. (1979): Zugang zum Unbewussten. In: Der Mensch und seine Symbole. Sonderausgabe. Walter, Düsseldorf/Zürich, S. 20–103.
Kast, V. (1987/2009): Der schöpferische Sprung. Vom therapeutischen Umgang mit Krisen. Walter, Olten (8. Aufl. Patmos, Düsseldorf).
Kast, V. (1988): Imagination als Raum der Freiheit. Dialog zwischen Ich und Unbewusstem. Walter, Düsseldorf.
Kast, V. (1990, 2010): Die Dynamik der Symbole. Grundlagen der Jungschen Psychotherapie. Walter, Olten (10. Aufl. Walter, Mannheim).
Kast, V. (1998): Vom gelingenden Leben. Märcheninterpretation. Walter, Zürich/Düsseldorf.
Kast, V. (2000): Lebenskrisen werden Lebenschancen. Wendepunkte des Lebens aktiv gestalten. Herder, Freiburg i. Br.
Kübler-Ross, E. (1986): Leben, bis wir Abschied nehmen. Gütersloher Verlagshaus Mohn, Gütersloh.
Kübler-Ross, E. (1987): Verstehen, was Sterbende sagen wollen. Einführung in ihre symbolische Sprache. Gütersloher Verlagshaus Mohn, Gütersloh.
Kübler-Ross, E. (2001): Interviews mit Sterbenden. Droemer Knaur, München.
Kuntz, H. (2009): Imagination – Heilsame Bilder als Methode. Klett-Cotta, Stuttgart.
Kunze, R. (1969): Sensible Wege. Rowohlt, Reinbek b. Hamburg.
Lauf, D.-I. (1976): Symbole. Verschiedenheit und Einheit in östlicher und westlicher Kultur. Insel, Frankfurt/M.
Lurker, M. (1983): Wörterbuch der Symbolik. Kröner, Stuttgart.
Lurker, M. (1990): Die Botschaft der Symbole. Kösel, München.
Moltmann-Wendel, E. / Schwelien, M. / Stamer, B. (1994): Erde, Quelle, Baum. Lebenssymbole in Märchen, Bibel und Kunst. Kreuz, Stuttgart.
Müller, L. / Knoll, D. (1998): Ins Innere der Dinge schauen. Mit Symbolen schöpferisch leben. Walter, Zürich.

Müller, L. / Müller, A. (Hg.) (2003): Wörterbuch der Analytischen Psychologie. Walter, Düsseldorf/Zürich.

Müller, W. / Scheuermann, U. (Hg.) (2004): Praxis Krisenintervention. Ein Handbuch für helfende Berufe: Psychologen, Ärzte, Sozialpädagogen, Pflege- und Rettungskräfte. Kohlhammer, Stuttgart.

Nietzsche, F. (1993): Menschliches, Allzumenschliches. Ein Buch für freie Geister. Kröner, Stuttgart.

Oberthür, R. (2009): Das Buch der Symbole. Auf Entdeckungsreise durch die Welt der Religion. Kösel, München.

Pascal, B. (1960): Gedanken über Gott und den Menschen. Insel, Wiesbaden.

Riedel, I. (1985): Formen, Kreis, Kreuz, Dreieck, Ouadrat, Spirale. Kreuz, Stuttgart.

Riedel, I. (2005): Die Welt von innen sehen. Gelebte Spiritualität. Patmos, Düsseldorf.

Rilke, R. M. (1996): Die Gedichte. 8. Aufl. Insel, Frankfurt/M.

Ringel, E. (1969, 1984): Selbstmordverhütung. Huber, Bern.

Rogers, C. (1976): Die klientenzentrierte Gesprächspsychotherapie. Kindler, München.

Schmid, W. (1998): Philosophie der Lebenskunst. Eine Grundlegung. Suhrkamp TB Wissenschaft, Frankfurt/M.

Sonneck, G. (2000): Krisenintervention und Suizidverhütung. Ein Leitfaden für den Umgang mit Menschen in Krisen. UTB facultas, Stuttgart.

Spangenberg, E. (2008): Dem Leben wieder trauen. Traumaheilung nach sexueller Gewalt. Patmos, Düsseldorf.

Steggink, O. / Kleyn-Altenburger, B. (1979): Der Sonnengesang des Heiligen Franz von Assisi. Aurum, Freiburg i. Br.

Stein, C. (2009): Spannungsfelder der Krisenintervention. Ein Handbuch für die psychosoziale Praxis. Kohlhammer, Stuttgart.

Steiner, Rudolf (2002): Die Prüfung der Seele. Szenisches Lebensbild als Nachspiel zur »Pforte der Einweihung«. Gideon-Spicker, Dornach.

Straumann, U. (1992): Beratung und Krisenintervention. Maternus, Köln.

Ulich, D. (1987): Krise und Entwicklung. Zur Psychologie der seelischen Gesundheit. Beltz PVU, München.

Viorst, J. (1988): Mut zur Trennung. Menschliche Verluste, die das Leben sinnvoll machen. Hoffmann & Campe, Hamburg.

Vollmars, K. (2003): Welt der Symbole. Lexikon. Königsfurt, Krummwisch b. Kiel.

Weischedel, W. (1980): Skeptische Ethik. Suhrkamp Tb, Frankfurt/M.

Welter-Enderlin, R. (2006): Resilienz aus der Sicht von Beratung und Therapie. In: R. Welter-Enderlin / B. Hildenbrand (Hg.): Resilienz – Gedeihen trotz widriger Umstände. Carl-Auer, Heidelberg, S. 7–19.

Welter-Enderlin, R. (2010): Resilienz und Krisenkompetenz. Kommentierte Fallgeschichten. Carl-Auer, Heidelberg.

Werner, E. E. (2006): Wenn Menschen trotz widriger Umstände gedeihen – und was man daraus lernen kann. Resilienz im Alltag. In: R. Welter-Enderlin / B. Hildenbrand (Hg.): Resilienz – Gedeihen trotz widriger Umstände. Carl-Auer, Heidelberg, S. 28–42.

# Hilfreiche Adressen

Dieses Adressenverzeichnis will einige Hinweise geben, wie Sie an Ihrem Wohnort Krisenhilfe finden können, und Ihnen die Recherche nach einer Beratungsstelle in Ihrer Nähe erleichtern. Es können aufgrund der Vielzahl der Einrichtungen nicht alle Krisenberatungsmöglichkeiten vollständig auflisten werden.

## Krisenhilfe und Krisenberatung in Deutschland

### BADEN-WÜRTTEMBERG

Arbeitskreise Leben in Baden-Württemberg (AKL)
Hilfe in Lebenskrisen und bei Selbsttötungsgefahr
Internet: www.ak-leben.de (Verzeichnis der AKL-Einrichtungen in verschiedenen Städten Baden-Württembergs unter: »AKL regional«)

brücke – Gespräche, Information, Lebensberatung
Kronenstr. 23, 76133 Karlsruhe
Tel.: 0721/38 50 38
Internet: www.bruecke-karlsruhe.de

Beratungsstellen der Diakonie, Caritas und des Paritätischen siehe S. 198.

### BAYERN

Krisendienst Bayreuth-Kulmbach
Gottlieb-Keim-Str. 23, 95448 Bayreuth
Tel.: 0921/7 58 63 37
E-Mail: krisendienst.bayreuth-kulmbach@t-online.de
Internet: http://krisendienst-bayreuth-kulmbach.de

Arbeitskreis Krisenintervention e.V.
MHD Erding
Landshuter Str. 55, 85435 Erding
Tel.: 0180/5 19 19 22
Fax: 0180/5 19 19 23
E-Mail: info@arbeitskreis-krisenintervention.de
Internet: www.arbeitskreis-krisenintervention.de

Offene Tür Erlangen
Katholischer Kirchenplatz 2
91054 Erlangen
Tel.: 09131/2 50 46, Fax: 09131/2 57 38
Anmeldung zur Beratung: 09131/2 51 65
E-Mail: kontakt@offene-tuer-erlangen.de
Internet: www.offene-tuer-erlangen.de

Münchner Insel
Marienplatz Untergeschoss
80331 München
Tel.: 089/22 00 41, Fax: 089/22 31 30
E-Mail: info@muenchner.insel.de
Internet: www.muenchner-insel.de

Familien-Notruf München
Pestalozzistr. 46, 80469 München
Tel.: 089/23 88 56-6, Fax: 089/23 88 56-70
E-Mail:
info@familien-notruf-muenchen.de
Internet: www.familien-notruf-muenchen.de

Trauma Hilfe Zentrum München e.V.
Horemansstr. 8 (Rückgebäude)
80636 München
Tel.: 089/12 02 79 00, Fax: 089/12 02 79 01
E-Mail info@thzm.de
Internet: www.thzm.de

DIE ARCHE e.V. – Suizidprävention und Hilfe in Lebenskrisen e.V.
Viktoriastr.9, 80803 München
Tel.: 089/33 40 41, Fax: 089/39 53 54
E-Mail: info@die-arche.de
Internet: www.die-arche.de

Kriseninterventionsstation 12 E
des Isar-Amper-Klinikum gemeinnützige GmbH, Klinikum München-Ost
Ringstraße 12, 85529 Haar bei München
Stationstelefon: 089/45 62-34 00, zentrale Patientenaufnahme: Tel.: 089/45 62-0, Fax: 089/4562-3981
E-Mail: Station_12_E@IAK-KMO.de
Internet: www.krankenhaus-haar.de/index.php?id=260

Krisendienst Mittelfranken
Hessestr. 10, 90443 Nürnberg
Tel.: 0911/42 48 55-0, Fax: 0911/42 48 55-8
E-Mail:
info@krisendienst-mittelfranken.de

Internet: www.krisendienst-mittelfranken.de

Krisendienst »HORIZONT« – Hilfe bei Suizidgefahr
Hemauerstr. 8, 93047 Regensburg
Tel.: 0941/5 81 81
Internet: www.dw-regensburg.de/einrichtungen/beratung/krisen/horizont/inhalt.php

Krisendienst Würzburg
Kardinal-Döpfner-Platz 1
97070 Würzburg
Tel.: 0931/57 17 17
Fax: 0931/3 53 40 40
E-Mail: krisendienst@ts-kd-wuerzburg-e.V. de
Internet: www.krisendienst-wuerzburg.de

Adressenverzeichnis der Ehe-, Familien- und Lebensberatungsstellen in Bayern über die Webseite des Zentrums Bayern Familie und Soziales des Bayerischen Landesjugendamt (ZBFS)
Internet: www.blja.bayern.de/einrichtungen/beratung/index.html

Beratungsstellen der Diakonie, Caritas und des Paritätischen siehe S. 198.

## BERLIN

Berliner Krisendienst
Krausnickstr. 12 a, 10115 Berlin
Tel.: 030/3 90 63 00
Internet: www.berliner-krisendienst.de

Lebensberatung im Berliner Dom
Am Lustgarten, 10178 Berlin
Tel.: 030/20 26 91 67
E-Mail: lebensberatung.dom@be-le.de
Internet: www.berlinerdom.de (unter: »Der Dom«, »Angebot/Service«, »Lebensberatung«)

neuhland – Hilfen für Kinder, Jugendliche, junge Erwachsenen und deren Familien in schweren Krisensitutionen
Nikolsburger Platz 6, 10717 Berlin
Richard-Sorge Str. 73, 10249 Berlin
Wiltbergstr. 27, 13125 Berlin
Vierwaldstätterweg 11, 13407 Berlin
Tel.: 030/8 73 01 11 (Mo.–Fr. 9–18 Uhr)
E-Mail: post@neuhland.de
Internet: http://neuhland.net

Hotline bei häuslicher Gewalt gegen Frauen BIG e.V. (Berliner Interventionsprojekt gegen häusliche Gewalt)
Postfach 30 41 05, 10756 Berlin
Tel.: 030/6 11 03 00 (täglich von 9–24 Uhr)
E-Mail: mail@big-hotline.de
Internet: www.big-hotline.de

LARA Krisen- und Beratungszentrum für vergewaltigte und sexuell belästigte Frauen
Fuggerstraße 19, 10777 Berlin
Tel: 030/2 16 88 88
E-Mail: beratung@lara-berlin.de
Internet: www.lara-berlin.de

Frauenkrisentelefon e.V.
Naunynstr. 71, 10997 Berlin
Tel. Krisenberatung: 030/6 15 42 43
E-Mail: info@frauenkrisentelefon.de
Internet: www.frauenkrisentelefon.de

Kriseninterventionszentrum am Krankenhaus Neukölln
Rudower Str. 48, 12351 Berlin
Tel.: 030/60 04 22 29

Beratungsstellen der Diakonie, Caritas und des Paritätischen siehe S. 198.

## BRANDENBURG

Brandenburger Krisendienst
Gaußstr. 19b, 14712 Rathenow
Tel. Ost-Havelland: 03321/4 03 44 44
Tel. West-Havelland: 03385/5 51 44 44

Beratungsstellen der Diakonie, Caritas und des Paritätischen siehe S. 198.

## BREMEN

OffeneTür Bremen
des Kath. Gemeindeverbands Bremen
Klosterkirchenstr. 1, 28195 Bremen
Tel.: 0421/32 42 72
E-Mail: Offene-Tuer.Bremen@t-online.de
Internet: www.kgv-bremen.de/gemeindeverband/offene-tuer-bremen.html

Beratungs- und Behandlungszentrum für Psychiatrie, Psychotherapie und Sucht
Buntentorsteinweg 122, 28201 Bremen
Tel.: 0421/22 21 30, Fax: 0421/22 21 313

Sozialpsychiatrischer Dienst im Behandlungszentrum Nord

Aumunder Heerweg 83/85
28757 Bremen
Tel.: 0421/66 06 12 34
Fax: 0421/66 06 12 40

Kriseninterventionsdienst des Sozialpsychiatrischen Dienstes Bremen
Tel.: 0421/7 90 333 33 (Mo.–Fr. 17–8.30 Uhr, an Wochenenden und Feiertagen rund um die Uhr)

Beratungsstellen der Diakonie, Caritas und des Paritätischen siehe S. 198.

### HAMBURG

Beratungs- und Seelsorgezentrum der Hauptkirche St. Petri, Im Gemeindehaus
Bei der Petrikirche 3, 20095 Hamburg
Tel.: 040/32 50 38 70, Fax: 040/32 50 38 80
E-Mail: bsz@sankt-petri.de
Internet: www.bsz-hamburg.de

Therapie-Zentrum für Suizidgefährdete (TZS) am Universitäts-Krankenhaus Eppendorf (UKE)
Martinistr. 52, 20255 Hamburg
Tel.: 040/74 10-5 41 12
Fax: 040/74 10-5 49 49
Ambulanz: Tel.: 040/74 10-5 32 10
E-Mail: tzs@uke.uni-hamburg.de
Internet: www.uke.uni-hamburg.de/Clinics/Psych/TZS

LOTSE – Psychosoziale Kontaktstelle in Wilhelmsburg und Veddel
Fährstr. 70, 21107 Hamburg
Tel.: 040/75 66 01 75
Fax: 040/75 66 01 76
E-Mail: LOTSE@der-hafen-vph.de
Internet: www.der-hafen-vph.de

Beratungsstellen der Diakonie, Caritas und des Paritätischen siehe S. 198.

### HESSEN

KOMM – Kontakte, Beratung in Krisen, Suizidentenberatung e.V.
Goethestr. 34, 34119 Kassel
Tel.: 0561/77 39 30

Psychosozialer Krisendienst c/o Bürgerhilfe Sozialpsychiatrie Frankfurt/M.
Holbeinstr. 25-27, 60596 Frankfurt
Tel.: 069/61 13 75
Internet: www.bsf-frankfurt.de/krisendienst.htm

Online-Beratung der Werkgemeinschaft Rehabilitation e.V.
Internet: www.anonyme-beratung-wiesbaden.de

Beratungsstellen der Diakonie, Caritas und des Paritätischen siehe S. 198.

### MECKLENBURG-VORPOMMERN

Fachberatungsstelle gegen sexualisierte Gewalt
Ernst-Haeckel-Str. 1, 18059 Rostock
Tel.: 0381/44 03 290

Beratungsstellen der Diakonie, Caritas und des Paritätischen siehe S. 198.

### NIEDERSACHSEN

Gemeinsame Elterninitiative Plötzlicher Säuglingstod (GEPS) Deutschland e.V.
Bundesgeschäftsstelle
Fallingbosteler Str. 20, 30625 Hannover
Tel.: 0511/8 38 62 02, Fax: 0511/8 38 62 02
E-Mail: geps-deutschland@t-online.de
Internet: www.sids.de

Hannoversche Arbeitsgemeinschaft für Jugend- und Eheberatung e.V.
Osterstr. 57, 30159 Hannover
Tel.: 0511/36 36 58, Fax: 0511/32 51 58
E-Mail:
info@beratungsstelleosterstrasse.de
Internet: http://www.beratungsstelle-osterstrasse.de

Verein für Suizidprävention e.V.
Schwemannstr. 2, 31134 Hildesheim
Tel.: 05121/51 62 86
E-Mail:
verein.f.suizidpraevention@t-online.de
Internet: www.suizidpraevention-hildesheim.de

Psychosozialer Krisendienst im Gesundheitsamt der Stadt Oldenburg
Rummelweg 18, 26122 Oldenburg
Tel.: 0441/2 35-86 26; 0177/6 45 86 68

DER RING e.V.
Kontakt für Menschen in seelischen Notlagen und Angehörige
Ilseder Str. 39, 31226 Peine
Tel.: 05171/5 21 21

Beratungsstellen der Diakonie, Caritas und des Paritätischen siehe S. 198.

## NORDRHEIN-WESTFALEN

Krisendienst des Sozialpsychiatrischen Dienstes im Gesundheitsamt Bielefeld
Nikolaus-Dürkopp-Str. 5–9
33602 Bielefeld
Tel.: 0521/51 67 28 (Tagdienst)
0521/3 29 92 85 (Nachtdienst)

Erziehungs-, Familien- und Krisenberatung
Paulusstr. 24–26, 33602 Bielefeld
Tel.: 0521/967 899 64 und 522 23 36
Fax: 0521/967 899 59

Hilfe zum Weiterleben e.V.
Postfach 1818, 32708 Detmold
Tel.: 05231/3 29 84, Fax: 05231/3 84 20
E-Mail:
hilfe-zum-weiterleben@t-online.de
Internet: www.hilfe-zum-weiterleben.de

Krisenzentrum Dortmund
Wellinghofer Str. 21, 44263 Dortmund
Tel.: 0231/43 50 77 oder: 43 50 78
Fax: 0231/4 27 04 79
E-Mail:
kontakt@krisenzentrum-dortmund.de
Internet:
www.krisenzentrum-dortmund.de

Krisenbegleitung der Telefonseelsorge
Tel.: 0203/2 26 56
E-Mail: kriseduisburg@aol.com

Psychosozialer Krisendienst des Sozialpsychiatrischen Dienstes Gütersloh
Herzebrocker Str. 140, 33334 Gütersloh
Tel. Krisenberatung: 05241/53 13 00
(Mo.–Fr. 19–7.30 Uhr, an Wochenenden und Feiertagen rund um die Uhr)

Krefelder Krisenhilfe
Dionysiusplatz 24, 47798 Krefeld
Erstkontakt/Anmeldung
Tel.: 02151/ 6 53 52 53
E-Mail: info@krefelder-krisenhilfe.de
Internet: www.krefelder-krisenhilfe.de

Krisenhilfe Münster e.V.
Klosterstr. 34, 48143 Münster
Tel.: 0251/51 90 05, Fax: 0251/51 90 65
E-Mail: kontakt@krisenhilfe-muenster.de
Internet: www.krisenhilfe-muenster.de

Kontakt- und Krisenhilfe im Ennepe-Ruhr-Kreis e.V.
Moltkestr. 28, 58332 Schwelm
Tel.: 02336/1 84 08, Fax: 02336/9 1 48 75
E-Mail: info@kontakt-und-krisenhilfe.de
Internet: http://joomla.kontakt-und-krisenhilfe.de

Wendepunkt – Wuppertaler Krisendienst
Alte Freiheit 1, 42103 Wuppertal
Tel.: 0202/2 44 28 38, Fax: 0202/4 59 88 38
E-Mail: info@krisendienst-wuppertal.de
Internet: www.krisendienst-wuppertal.de

Beratungsstellen der Diakonie, Caritas und des Paritätischen siehe S. 198.

## RHEINLAND-PFALZ

Tecum e.V. – Verein zur Betreuung suizidgefährdeter Menschen
Hohenzollernstr. 118, 56068 Koblenz
Tel.: 0261/30 90 77, Mobil: 0160/7 48 48 56
E-Mail: info@tecum-koblenz.de
Internet: www.tecum-koblenz.de

Beratungsstellen der Diakonie, Caritas und des Paritätischen siehe S. 198.

## SAARLAND

Beratungsstellen der Diakonie, Caritas und des Paritätischen siehe S. 198.

## SACHSEN

Kriseninterventionszentrum Chemnitz
Clausstr. 31, 09126 Chemnitz
Tel.: 0371/538 53 85,
Fax: 0371/538 51 64

Psychosozialer Krisendienst Gesundheitsamt
Georgenstr. 4, 01097 Dresden
Tel.: 0351/8 17 81 40, Fax: 0351/8 17 81 38
Telefonische Krisenberatung:
0351/8 04 16 16

Krisenkontaktstelle des Sozialpsychiatrischen Diensts Leipzig
Eitingonstr. 12, 04105 Leipzig
Tel.: 0341/35 53 43 33
Internet: www.sanktgeorg.de/405.html

Beratungsstellen der Diakonie, Caritas und des Paritätischen siehe S. 198.

## SACHSEN-ANHALT

Psychologische Familienberatungsstelle
Jean-Burger-Str. 14, 39112 Magdeburg
Tel.: 0391/6 07 49 80

Beratungsstelle Frauen und Familie e.V.
39104 Magdeburg
Tel.: 0391/4 01 30 97

Beratungsstellen der Diakonie, Caritas und des Paritätischen siehe S. 198.

### SCHLESWIG-HOLSTEIN

Beratungszentrum der Brücke
Am Stadtsee 9, 24768 Rendsburg
Tel.: 04331/13 23 27, Fax: 04331/13 23 25
Krisendienst Tel.: 04331/13 23 23
E-Mail: bz@bruecke.org
Internet: www.bruecke.org

Beratungsstellen der Diakonie, Caritas und des Paritätischen siehe S. 198.

### THÜRINGEN

Kontakt in Krisen (KiK) e.V.
Gemeinnütziger Sozialbetrieb
Magdeburger Allee 114–116, 99086 Erfurt
Tel.: 0361/7 31 50 66 oder: 0361/74 98 11 34
Fax: 0361/74 98 11 39

DO – Diakonie Ostthüringen gGmbH
Geschäftsstelle
Schlegelstr., 07747 Jena
Tel.: 03641/377-0, Fax: 03641/377-150
E-Mail: gf@do-diakonie.de
Internet: www.do-diakonie.de

Beratungsstellen der Diakonie, Caritas und des Paritätischen siehe S. 198.

### TELEFONSEELSORGE DEUTSCHLAND

Tel.: 0800/1 11 0 111
oder: 0800/1 11 0 222
Internet: www.telefonseelsorge.de

### BERATUNGSSTELLEN DER DIAKONIE, CARITAS UND DES PARITÄTISCHEN

Verzeichnis der ev. Lebensberatungsstellen über die Webseite der Diakonie
Internet: www.evangelische-beratung.info/angebote/lebensberatung

Verzeichnis der kath. Ehe-, Familien- und Lebensberatungsstellen über die Webseite des Caritas
Internet: www.caritas.de/adressen

Verzeichnis der Krisendienste des Deutschen Paritätischen Wohlfahrtsverbands
Internet: www.der-paritaetische.de/index.php?id=99

### SONSTIGE WICHTIGE INTERNETADRESSEN

Deutsche Gesellschaft für Suizidprävention (DGS)
Internet: www.suizidprophylaxe.de

Beratungsführer online
der Deutschen Arbeitsgemeinschaft für Jugend- und Eheberatung e.V. (DAJEB) mit über 12 000 abfragbaren Beratungsstellen
Internet: www.dajeb.de

## *Krisenhilfe und Krisenberatung in Österreich*

Kriseninterventionszentrum Wien
Lazarettgasse 14 a, 1090 Wien
Tel.: 01/40 69 595-0, Fax: 01/40 69 595-14
Internet: www.kriseninterventionszentrum.at

Telefonische Krisenhilfe des Hilfswerks Niederösterreich
Tel.: 0800/20 20 16 (rund um die Uhr erreichbar)

Kriseninterventionszentrum (Kriz)
für Menschen in psychischen Krisen
Hessenplatz 9, 4020 Linz
Tel.: 0732 /21 77
E-Mail: kriz@promenteooe.at

Krisenintervention/Krisenzimmer im Psychosozialen Zentrum (PSZ) Linz-Urfahr
Wildbergstr. 10a, 4040 Linz
Tel.: 0732/719 719 (rund um die Uhr)
E-Mail: pszlinz.krise@exitsozial.at
Internet: www.exitsozial.at/angebote/krisendienst.html

Pro Mente Oberösterreich
Rat und Hilfe bei Suizidgefahr
Tel.: 0810/977 155

Psychosozialer Notdienst (pnd) Oberösterreich, Rund-um-die-Uhr-Notruf bei psychischen Krisen
Tel.: 0732/65 10 15

Ambulante Krisenintervention Salzburg
Südtiroler Platz 11, 5020 Salzburg
Tel.: 0662/43 33 51
Fax: 0662/88 05 24-109
E-Mail: krise@promentesalzburg.at
Internet: www.promentesalzburg.at
(unter: Krisenintervention)

Krisenintervention und Notfallseelsorge Vorarlberg
Florianistr. 1, 6800 Feldkirch
Tel.: 05522/35 10-364
Fax: 05522/35 10-266
E-Mail office@kit-vorarlberg.at
Internet: www.kit-vorarlberg.at

Psychosozialer Dienst
Pro Mente Tirol
Schweizergasse 42, 9900 Lienz
Tel.: 04852/6 26 79
E-Mail: psychosozialerdienst.lienz@gpg-tirol.at

Psychiatrischer Not- und Krisendienst
Pro Mente Kärnten
Tel.: 0664/300 70 07

### TELEFONSEELSORGE ÖSTERREICH

Notruf-Tel.: (Vorwahl) 142
Internet: www.telefonseelsorge.at

## *Krisenhilfe und Krisenberatung in der Schweiz*

Kriseninterventionsstation
am Universitätsspital Basel
Petersgraben 4, 4031 Basel
Tel.: 061/2 65 50 40 (Mo.–Fr., tagsüber)
Fax: 061/2 65 45 88
Notfallaufnahme: 061/2 65 25 25 (nachts, Wochenenden, Feiertage)

Beratungsstelle Opferhilfe beider Basel
Steinenring 53, 4051 Basel
Tel.: 061/2 05 09 10, Fax: 061/2 05 09 11
E-Mail: info@opferhilfe-bb.ch
Internet: www.opferhilfe-beiderbasel.ch

Beratungsstelle Opferhilfe Bern
Seftigenstr. 41, 3007 Bern
Tel.: 031/3 72 30 35, Fax: 031/3 72 30 39
E-Mail:
beratungsstelle@opferhilfe-bern.ch
Internet: www.opferhilfe-bern.ch

Kriseninterventionszentrum
der Universitären Psychiatrischen Dienste Bern (UPD)
Murtenstr. 21, 3010 Bern
Tel.: 031/6 32 88 11, Fax: 031/6 32 89 50

Kriseninterventionszentrum KIZ
der Integrierten Psychiatrie Winterthur Zürcher Unterland
Bleichestr. 9, Postfach 144
8408 Winterthur
Tel.: 052/2 24 37 00, Fax: 052/2 22 89 30
E-Mail: kiz@ipwin.ch
Internet: http://kiz.ipw.zh.ch

Opferberatung Zürich
Gartenhofstr. 17, 8004 Zürich
Tel.: 044/2 99 40 50, Fax: 044/2 99 40 51
E-Mail: opferberatung@ohzh.ch
www.ohzh.ch

Kriseninterventionszentrum KIZ
der Psychiatrischen Universitätsklinik Zürich
Militärstr. 8, Postfach 1930, 8021 Zürich
Tel.: 044/2 96 73 10, Fax: 01/2 96 73 19
E-Mail. kiz@puk.zh.ch

Beratungsstelle Nottelefon für Frauen – gegen sexuelle Gewalt
Tel.: 044/2 91 46 46
Internet: www.frauenberatung.ch

Lilli
Adressen von Beratungsstellen vor allem für junge Frauen zu den Themen Sexualität und sexuelle Gewalt
Internet: www.lilli.ch/de/adressen

### TELEFONSEELSORGE SCHWEIZ

Die Dargebotene Hand
Tel.: 143

## *Krisenberatung online*

www.das-beratungsnetz.de
www.telefonseelsorge.de
www.kummernetz.de
www.kummernetz.ch
www.chatseelsorge.de

# Zitat- und Bildnachweis

## Zitatnachweis

28 Hilde Domin, Nicht müde werden. Aus: dies., Gesammelte Gedichte. © S. Fischer Verlag GmbH, Frankfurt am Main 1987.

111 Hermann Hesse, Stufen (Textauszug). Aus: ders., Sämtliche Werke, Band 10: Die Gedichte. © Suhrkamp Verlag Frankfurt am Main 2002.

116 Günter Eich, Ende eines Sommers (Textauszug). Aus: ders., Gesammelte Werke in vier Bänden, Band 1: Die Gedichte. Die Maulwürfe. © Suhrkamp Verlag Frankfurt am Main 1991.

117 f. Hermann Hesse, Gestutzte Eiche. Aus: ders., Sämtliche Werke, Band 10: Die Gedichte. © Suhrkamp Verlag Frankfurt am Main 2002.

119 Textauszug aus: Hermann Hesse, Bäume. Betrachtungen und Gedichte, Zusammenstellung der Texte von Volker Michels. © Insel Verlag Frankfurt am Main 1987.

128 Reiner Kunze, Sensible Wege. Aus: ders., gespräch mit der amsel. © S. Fischer Verlag GmbH, Frankfurt am Main 1984.

146 Erich Fried, Was es ist. Aus: ders., Es ist was es ist. © Verlag Klaus Wagenbach, Berlin 1983.

Dieses Buch enthält auf den Seiten 21 f., 23 f., 56 f., 66 f., 103, 108 f., 149 f., 165 f. und 173 f. überarbeitete Passagen aus: B. Dorst (2010): Erkrankung, Sinnfragen und Spiritualität. In: C. Diegelmann/M. Isermann (Hg.): Ressourcenorientierte Psychoonkologie. Psyche und Körper ermutigen. Kohlhammer, Stuttgart, S. 184–191; aus: B. Dorst (2007): Therapeutisches Arbeiten mit Symbolen. Wege in die innere Bilderwelt. Kohlhammer, Stuttgart; sowie aus: B. Dorst (2006): Burn-out-Prophylaxe und die Sorge um sich selbst. In: S. Ditz/C. Diegelmann/M. Isermann (Hg.): Psychoonkologie – Schwerpunkt Brustkrebs. Ein Handbuch für die ärztliche und psychotherapeutische Praxis. Kohlhammer, Stuttgart, S. 198–205. Mit freundlicher Genehmigung der W. Kohlhammer GmbH.

## Bildnachweis

134 Doppelspirale: Klaus Lammers

136 Labyrinth: Klaus Lammers